愛知大学綜合郷土研究所ブックレット

⑤

共同浴の世界
東三河の入浴文化

印南敏秀

● 目次 ●

プロローグ

日本人は入浴が好きだが、あまり入浴の文化は考えてこなかったようである。一つにはわかっているという思いこみがあり、さらには手軽な手引き書がないことも原因だと思う。この本は副題を「東三河の入浴文化」としたが、日本の入浴文化のあらましと、考えるヒントを盛りこんだつもりである。

さて、私は子供のころから入浴が嫌いだった。四十年ほど前は、湯をわかす手伝いや、冷めるからと遊びの途中でも入らされたり、薄暗くて寒い浴室など、子供が入浴を嫌いになる条件がそろっていた。この本を読むと、中年以上の人は「そうだった」と共感し、若い人達は今の幸せを実感できるのではなかろうか。

私が入浴を好きになったのは、入浴調査をはじめてからである。二十五年ほど前から、石風呂という日本の伝統的なサウナの調査をはじめた。西は鹿児島県の種子島から、東は三重県の伊勢まで、石風呂を訪ねては入った。入浴調査を続けるうちに、入浴文化の魅力がわかり好きになった。

やがて春休みごとに、家族で日本最大の温泉郷別府温泉に、一週間ほどいくようになる。一週間にしたのは、温泉湯治では一まわり（七日）を基準にするからである。別府の鉄輪《かんなわ》温泉では、自炊ができる湯治専門の貸間《かしま》旅館に泊った。旅館に内湯はあったが、毎朝すぐ前の共同浴場に入りにいった。朝の共同浴場には、出勤前の地元の人が入りにきていた。そこでの何気ない会話や、雰囲気がたまらなく好きだった。帰りに子供達と飲むコーヒー牛乳のうまさも格別だった。鉄輪温泉に通ったのは、共同浴場が今のようにブームになる前のことだった。

この本に登場する共同浴場は、鉄輪温泉のような温泉地の共同浴場とは異なる。また町の銭湯とも違い、村人が協力してわかして入る共同入浴施設である。村に共同浴場があることを愛知大学に勤めてはじめて知り、愛知大学生と一緒に調査した。

この本は豊橋市駒形の共同浴場での入浴からはじまる。これまでは入りたくても、お願いしなかった。開かれた温泉場の共同浴場とは違い、村の共同浴場は村人の憩いの場で、その雰囲気をみだしたくなかったのである。駒形の共同浴場が今春廃止になるため、特別にお願いして念願の入浴を果たした。おかげで学生と調査してからの七年間の空白はすぐにとりもどせた。そして外からの観察や資料だけでなく、入浴をとおして内からも共同浴場を考えることができた。

さて、今の日本ではシャワー、ジェットバス、露天風呂、サウナなど多種多様な入浴文化が見られる。アジアモンスーン気候の影響や、ふきだまりとしての島国のながい歴史が、複合的な入浴文化と日本人の入浴へのこだわりをうみだした。

ことに日本では個人浴より共同浴を発達させ、入浴を身近なものにしてきた。都市の銭湯と、村のもらい風呂や共同浴場がそれである。なかで、村の共同浴場は、近代以降の新しい共同入浴慣行だったのである。

東三河の共同浴場には家族同様の仲間意識と、海苔養殖など海での共業が背景にある。仲間で入るからコミュニケーションがはずみ、世代や、まれには性差をもこえた交流の場となった。共同浴場は、村の要《かなめ》になっていた。

ところが高度成長以降、村と都市の格差がなくなり、どの家にも内風呂ができた。同時に身のまわりから汚れが消え、日本人の衛生観や入浴の目的も変化する。

共同入浴施設も発達し、私達は巨大露天風呂やスーパー銭湯に手軽に入れるようになる。ただし、新しい施設での入り方については、あまり考えてこなかった。そうしたなかで共同浴場がのこした「顔が見える相手と入る」共同浴の基本は、記憶にとどめておくべきかもしれない。

エピローグでは、今後の入浴文化の課題として二つのことを指摘しておいた。入浴が、裸の身体をさらすため、直面せざるを得ない身体観と、身内や他人と入るときのおりあい方である。入浴文化への期待がますます高まり、社会がゆらいでいるときだけに、入浴文化から目がはなせないのである。

巻末に、一緒に考えてほしいと日本の入浴文化の代表的な著作をあげておいた。入浴を楽しむだけでなく、たまには入浴文化について考え、ますます入浴が好きになってもらいたいのである。

一、駒形共同浴場を訪ねて

◉――共同浴場の組合員

駒形《こまがた》共同浴場での入浴と調査から、共同浴場とは何かを考える手がかりとしたい。

平成十四年もおしせまった十二月二十九日、愛知県豊橋市駒形の共同浴場を七年ぶりに訪ねた。共同浴場は黒塗り木造平屋建てで、交差点の角に建っている。平成十五年の春には、道路拡張による交差点改良で、ほぼ百年の歴史を閉じることになっていた。

共同浴場裏の火焚場《ひたきば》にいくと、ボイラーの焚口の前に二つ椅子が並んでいた。焚口に近い椅子に兵藤重嘉さんが座り、木を燃やしていた。遠い椅子には加藤勇さんが座り、たがいに世間話をしていた。二人は、ともに駒形共同浴場の「組合員」である。

この日、兵藤さんは共同浴場の「風呂番（当番）」で、午後一時半ごろから焚いていた。加藤さんは当番日ではないが、「家にいても寒いもんで」と火焚場に来て当番と話し、午後五時からの一番風呂に入るのが日課だという。木が燃える炎と熱で、火焚場はやわらかな暖かさにつつまれていた。

駒形の共同浴場は、駒形の中島伝十さんと加藤亀蔵さんが銭湯として建てた。明治四十一年に駒形から近い豊橋市高師町《たかし》に、第十五師団が設置される。師団設置にともない軍人がたくさん入りにくるとあてこんで、銭湯を開業した。ところが軍人は、より近い小池や高師に住み、駒形には住まなかった。銭湯はすぐに経営難となり、大正六年に「駒形組」で買い取って共同浴場になった。駒形町は、豊橋市と合併する前は磯辺《いそべ》村のなかの駒形組だった。

今の共同浴場は、昭和三十年に再建した。湯を使う建物は、湿気などで傷みやすい。それまでにも、共同浴場はたびたび修理していたのである。

駒形組で買い取った大正六年二月の「共有風呂人夫帳」には、当時駒形に住んでいた六十軒の戸主の名前と、作業に参加した日数が○△で記してある。修理に使った杉皮・桧丸太・杉板・セメント・二寸釘・三寸釘・土管や、風呂道具のムシロ・十能・水杓子《しゃくし》・箒《ほうき》などの金額が書いてある。購入品の総額は九円三銭で、善光寺講から十円借りてまかなった。

大正十四年一月の「共同湯修繕人夫帳」の表紙には、「昭和四年一月大字人工《にんく》出席帳」と併記している。大正十四年の修理内容はわからないが、「昭和四年湯屋修理」「昭和四年湯屋釜取付」「昭和八年クド」「昭和一一年カベヌリ」とあり、傷むたびにしばしば修理していたことがわかる。

昭和十二年の「共同湯修繕買物帳」には、修繕資材の購入に一三四円三四銭かかっている。共同浴場だから手間は地域民が負担し、資材費だけですむ。それでもこれだけの経費が必要である。

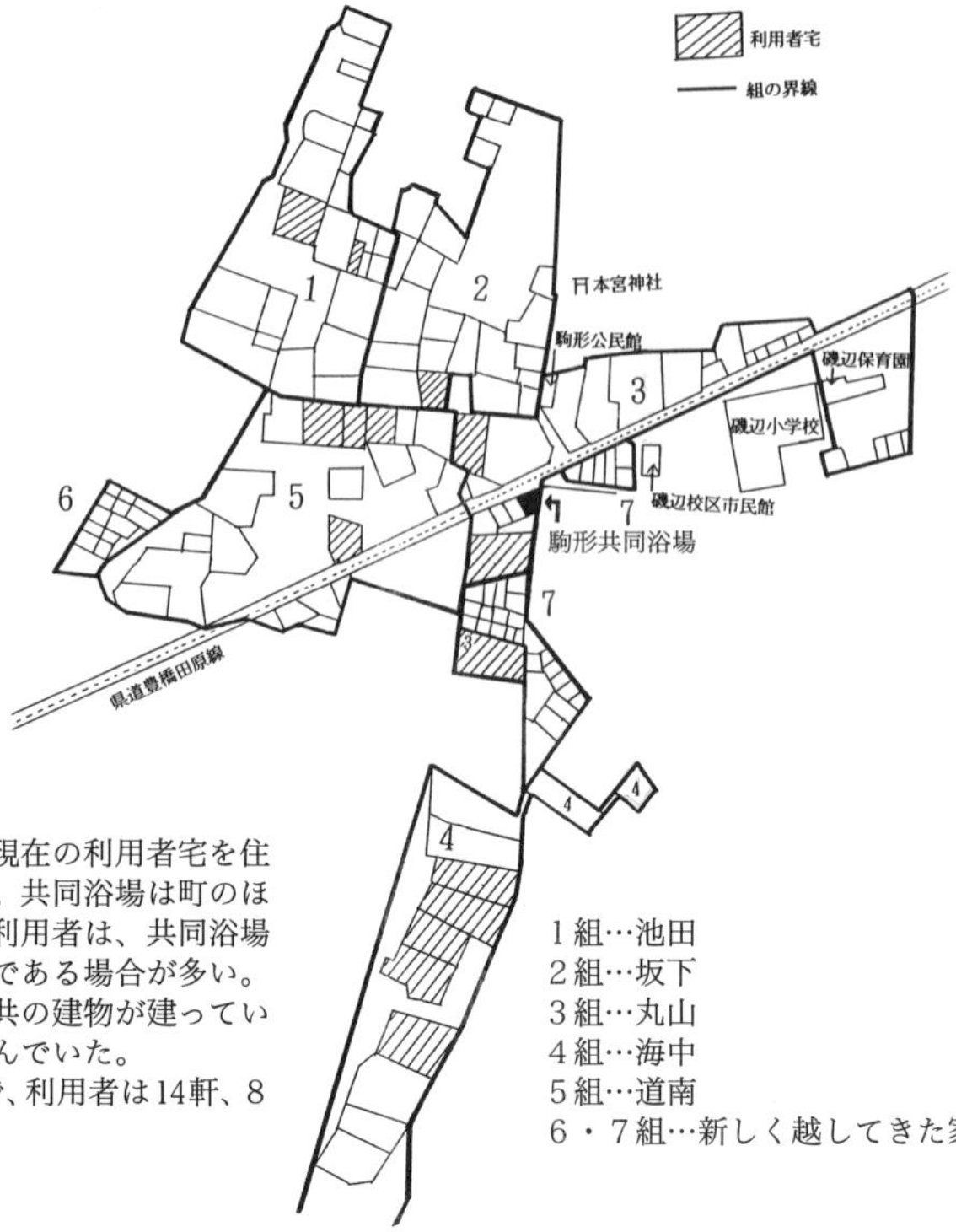

駒形町の組の界線と現在の利用者宅を住宅地図上に表したもの。共同浴場は町のほぼ中央にある。現在の利用者は、共同浴場付近の家や隣近所同士である場合が多い。共同浴場の周辺には公共の建物が建っている。昔の組は地名で呼んでいた。
(平成7年作製の地図で、利用者は14軒、8組はまだなかった)

1組…池田
2組…坂下
3組…丸山
4組…海中
5組…道南
6・7組…新しく越してきた家

図1　駒形共同浴場関連地図

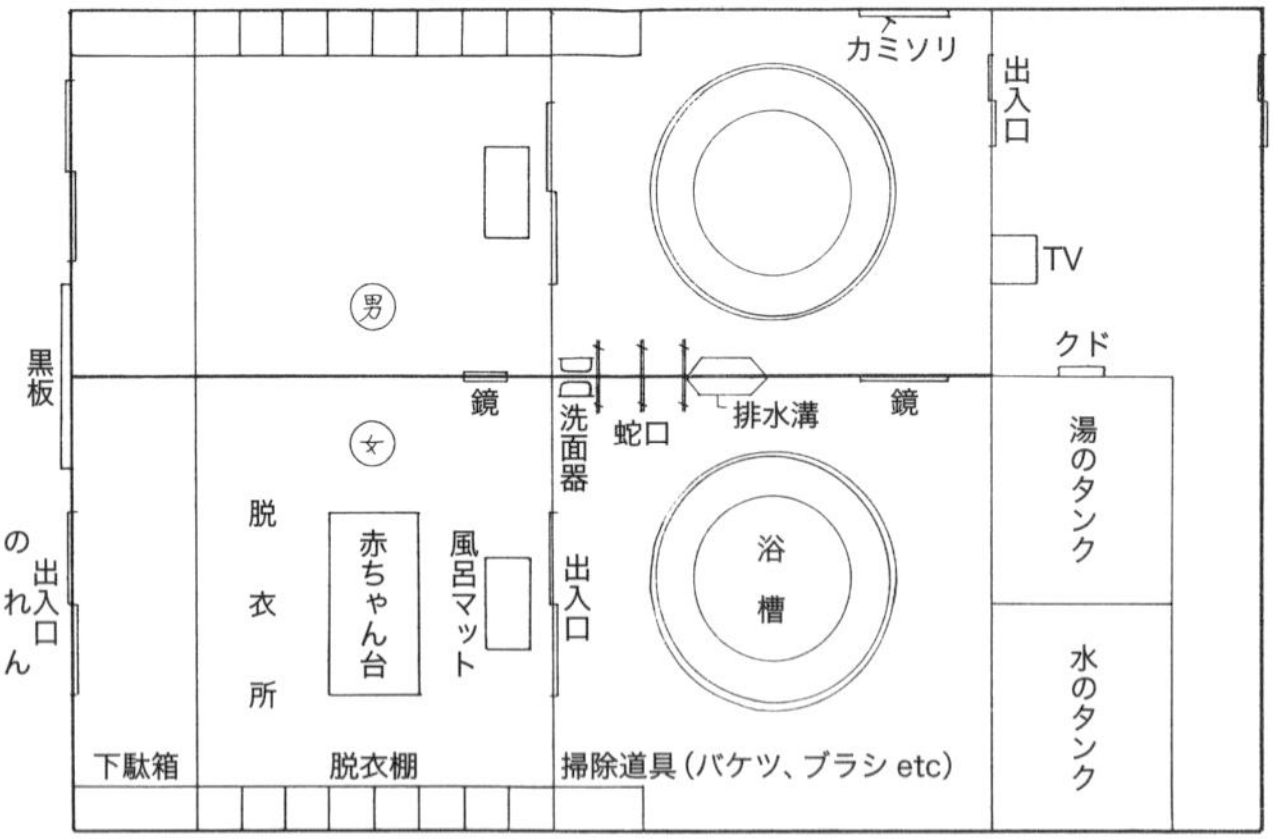

図2　駒形共同浴場平面図

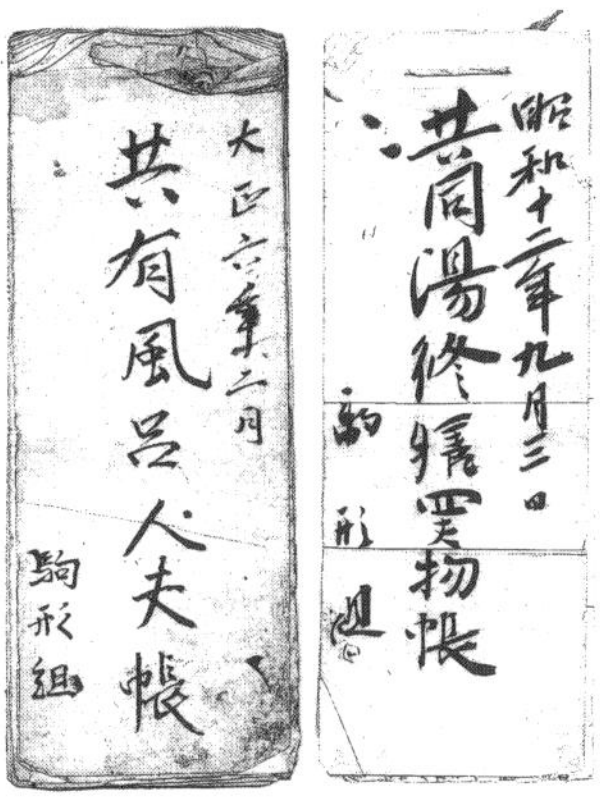

駒形共同浴場の修繕等の記録

入口側から見た駒形共同浴場

駒形共同浴場入口
営業時間が来ると、当番がのれんをかける。開いているかどうかがすぐわかる。

六十軒ほどの集落で、銭湯経営が成り立つはずがないのである。

さらに再建のときには、駒形駐在所裏の共有地の松を総出で伐り出し、古材とともに材料に使った。建築は大徳製材が請負い昭和三十年五月十三日に建前をしている。新しい共同浴場の建物は約二八坪で、入口脇に半坪の便所がついている。

駒形は戦後新たに住みついた家が多くなり、今は二百軒ほどになっている。ただし、戦前からの六十軒はほとんどかわらず、一組から五組の枠組みもかわっていない。今は八組にふえたが、六・七・八組は新たに住みついた家である。

共同浴場の組合員は一組から五組の家で構成され、善光寺講の講員ともかさなっている。

◉――共同浴場組合員と善光寺講員

善光寺講は、信濃国の善光寺を信仰する人達がつくる講である。近世から遠隔地の有名社寺への参拝が盛んになり、講員が旅費をだしあって順番に代参した。駒形の代参講には、伊勢講・津島講・秋葉講もあったが、第二次世界大戦を境に廃止された。なかで善光寺講だけが、代参にいかなくなった今もさかんに信仰されている。

昭和四十二年七月二十四日の「善光寺講規約」にのる「お祭りの件」と、今をくらべても信仰内容はかわっていない。

善光寺講でのお勤め
正面に三本の掛軸をかけ、大数珠をまわしながら念仏をとなえる。

まず各家では、毎月十四日と二十六日に掛軸と大数珠を入れた机が順番にまわってくるので、床の間に掛軸をかけてお勤めをする。

善光寺講ではもとからの一組から五組が、毎年交代で当番組となる。十一月二十六日と一月六日は公民館に集まって当番組でお勤めをする。ただし、旧暦の閏《うるう》年十月二十六日は、僧侶を呼んで供養するため、十一月二十六日のお勤めは休むことになっている。

講員みんなが集まるのは一月二十六日で、総会を開きお勤めしたあと酒と肴がでる。

平成十五年一月二十六日のお勤めには、全講員が参加していた。公民館に善光寺の掛軸をかけ、その前で男性十三人が代表して大数珠をまわしながら念仏を唱える。そして数珠繰りのあと、導師が「鈴木新八家の供養」というと、「鈴木新八先祖代々一切之霊」（上写真左端）の掛軸に向かって参列者全員が念仏をとなえた。

鈴木新八家は、牟呂から駒形に移り住み、家が絶えるとき屋敷地を善光寺講に寄付した。鈴木家を顕彰して、善光寺講のお勤めのとき供養しているのである。

鈴木家が寄付した善光寺講の土地の中に、共同浴場と公民館、道沿いの商店が含まれる。善光寺講にはお勤めや財産管理をするため、講親一人と五組に各一人の補佐役がいる。そして当番組が世話する三回のお勤めの供物や飲食費は、善光寺講の地代でまかなっている。

「善光寺講規約」ができた昭和四十二年の講員六十四人から、以後は、分家でも新規加入を認めなくなった。そして駒形から他所に転出すると、講員からはずれるようになる。転出などで減少し五十七人となっている。善光寺講は駒形にもとからの住む家々の連帯の要の役割をはたしている。むろん、その理由の一つには鈴木家の土地を、受け継いだことも力になっているのである。

それでは善光寺講員とおなじだという共同浴場の組合員は、どのような構成なのだろうか。再建にあたって、昭和二十九年十一月二十日に六十五人の連名で、愛知県知事へ「公衆浴場業営業許可申請書」をだしている。昭和二十三年にできた「公衆浴場法」では、営業を目的としない共同浴場でも、組合事業として社会性をもつため、都道府県知事の許可を必要としたのである。

申請書に添えた「豊橋市駒形町共同湯組合規約」には、

第三條　本組合は駒形町に居住する者を以って組織する。

とあり、組合員は駒形在住者に限られていた。ただし、

第五條　本組合に加入する者は加入金、一金六千円也を組合に納付するものとす。

　但し毎月一金百円也を五ヶ年間に納付する。

第六條　駒形町に居住する組合員外の者にて入浴を希望する者は総会の定むるところにより一

定の入浴料を組合に納入するものとす。

加入金を払えば新規加入できたし、組合員でなくても入浴料を払えば入れるとある。それで新規に五軒が加わり、最盛時は七十軒になった。ただし新規加入したのは新たに分家した家であり、外来者は加入していない。

今も共同浴場に入る組合員は十三軒で、内風呂はありながら利用している。組合員は毎月五百円の組合費を納め、毎日交代で当番をつとめる。十三軒なので十三日ごとに当番がまわる。当番日に都合がつかないと、ほかの当番に代わってもらう。代われないときは、余裕のある人に一日の「くべ代」二、五〇〇円を払って当番をつとめてもらう。

共同浴場の利用者はみな高齢者で、一人しか利用しない家が、ときどきかわるが三軒から五軒ある。その場合は第六条にある「現金入浴者」として、一ヵ月二千円を払って当番を免れる。ただし、一軒で二人以上利用する家は、必ず当番をする決まりである。

その他、共同浴場の火災保険料として、毎月三〇円だけおさめる名前だけの組合員がいる。内風呂が壊れたときにはいつでも組合員に復帰できるのと、なにより共同浴場仲間との関係を「つなぎ」たい家である。こうしたつなぎの家が三十六軒もある。高齢者やつなぎをあわせた共同浴場の組合員は五十四軒ほどで、ほとんどが善光寺講員なのである。

さて、以前は大人数家族が多く、家ごとの利用者の差が今より大きかったはずである。その不

衛生組合監事札
駒形地区役員として選出し、共同浴場の衛生面を管理した幹事の木札

均衡について加藤勇さんに聞いてみた。すると、当番はあくまでも均等に負担した。家ごとの格差は一時的なもので、十年もすると家族構成はかわり、ながい目でみれば同じになる。「だいたい、そんな助けあいのないような部落は、よい部落ではない」と語気を強めた。家相互が世代を越えて協力してきた、駒形でのつきあいのルールを教えられたのである。

それでは組合役員はどうだったのか、先の規約には次のようにある。

第九條　本組合に左の役員を置く。

一、組合長　一名　一、理事　二名　一、監事　一名　一、評議員　五名

一、組合長は総代之に当る。

一、専務理事は什器の整理、保存、会計事務、その他一切の事務を処理する。

一、他の理事は特別会計事務を処理する。

一、監事は会計、事務を監査する。

一、評議員は組合長の諮問に答えて組合事業の実行に参画する。

第十條　役員の任期は一ケ年とする。

但、評議員は二ケ年とする。

共同浴場は駒形町の公設施設で、地区の総代が組合長を兼任していた。さすがに組合員以外の新しい家が増え、利用者が減少したため総代の兼任はなくなり、理事もいなくなった。今は、各組で利用者の中から任期二年の世話人（評議員）一人を選び、五人の世話人から選ばれた係（組合長）一人が理事の仕事も兼ねている。前の係が監事となり、会計監査をしている。

駒形では、共同浴場の組合員と善光寺講員は、むかしからの家で構成され、地区や組が単位になり協力してきた。善光寺講は地代を運営にあてたが、商店が転出したので、今は当番組の経費や固定資産税を払うと赤字になる。それでも共同浴場の組合が支払う地代は年間三二、〇〇〇円で、税金代にしかすぎない。また共同浴場の修理代を、善光寺講から借りることもあった。共同浴場は、善光寺講を要とする連帯のうえに、運営が続けられてきたといえそうである。

この年の共同浴場の係は加藤秋夫さんだった。私は共同浴場に入れないか、秋夫さんに頼んだ。数日前に世話人の集まりがあり、私の願いが許可されたと連絡をうけた。

この日私は、準備から見学するため、小学生の息子と共同浴場を訪ねたのである。

◉――共同浴場での観察

再び、火焚場の場面にもどることにする。

共同浴場は年中無休だが、入れる時間は細かくわかれる。火焚場の壁と脱衣室には、開く時間

表1　入浴時間

	始まり	終わり
1月1日～2月19日	5：00	9：30
2月20日～3月20日	5：30	9：30
3月21日～3月31日	5：30	10：00
4月1日～4月30日	6：00	10：00
5月1日～8月15日	6：30	10：00
8月16日～9月25日	6：00	10：00
9月26日～11月9日	5：30	10：00
11月10日～12月31日	5：00	9：30

と終わる時間を書いた貼り紙がある（表1）。入浴時間は「日が暮れてから開く」のが決まりで、以前は今以上に正確に計算して日の入りにあわせていた。開く時間にくらべ終わる時間はあまり差がなく、午後十時までときめている。当番で遅くなって、早朝からの農作業にさしつかえないためである。

駒形は近世に遠浅を埋め立て新田ができるまで、今より三河湾が近かった。当時から農業が主体ではあったが、漁業もおこなう半農半漁のくらしだった。新田が広がり、農業が中心となり、海との関わりがうすれる。第二次世界大戦後は、集落周辺に新しく住宅が建ち、勤め人も増えるが、今も農業が盛んで田畑が周辺に広がっている。

農業中心の地域の生活サイクルが、共同浴場にいきている。それは利用者十三軒のうち、今も九軒が農家だからでもある。同時に、終わる時間が早いので仕事などで遅くなる若い世代が、内風呂を利用するようになった原因でもある。

当番の仕事は、開く三時間ほど前から来て準備をはじめ、終わったあと三十分ほどで浴槽の湯を抜き、脱衣室などを箒ではいて掃除する。翌朝には、ボイラーの灰を捨て、次の当番に共同浴場の鍵を渡して当番を終える。

以前は、組合員の名前を書いた当番札をまわしていたが、共同浴場に鍵をかけるようになって鍵にかえた。当番札をまわさなくても、軒数が減ったこともあり自分の順番はみんなが心得ている。

駒形共同浴場の焚物置場

また火焚場の壁には、当番が交代で燃料をとりにいく順番を書いた貼り紙もある。

以前は、各家で燃料を調達したので苦労していた。近くに山がなく、廃材を貰いにいったり、畑に植えた煙草や豆などのキ（幹）も燃やしていた。戦前までは石炭を共同購入して、燃料のない人が利用したこともある。それでも組合員が多く、二ヵ月に一回しかまわってこなかったのでなんとかなったという。組合員が減った二十年ほど前から、廃材を無料でもらえるようになる。燃料を交代でとりにいくだけで、燃料の心配がいらなくなった。

元の銭湯の建物だったころは桧の浴槽で、中央に釜がつきでていた。クド（竈《かまど》）で燃料を燃やした熱で釜をあつくし、浴槽内の水をあたためていた。中央には男女の仕切り板があり、それぞれ六人ほどがはいれた。再建後は今の円い浴槽になり、釜でわかした湯をパイプで左右の浴槽におくった。それから今の火焚場に据えたボイラーで湯をわかし、パイプで浴槽におくるように改善した。今のボイラーは二代目だという。

駒形は水にも恵まれていた。銭湯だったころは、火焚場にある古い井戸の水を利用していた。浴室から「ぬるいぞ」と声がかかると薪を、「あついぞ」と声がかかると手押しポンプで水をおくった。そのため火焚場には人がついていなければならなかった。食事のときは、家族が交代した。ポンプをおすのに力が必要で、当番は男性の仕事だった。

今は屋外に掘った新しい井戸の水を、電動ポンプで火焚場のタンクまであげておくれる。それで、女性でも当番ができるようになった。新しい井戸は直径二インチのパイプで、朝から晩までかからないと汲みきれないほど水が豊富である。そして共同浴場の電燈代と電動ポンプ代をあわせ、一ヵ月に一、七〇〇〇円の電気代ですむ。燃料代もただで、維持費がかからないことも今まで共同浴場が続く理由の一つになっている。

この日は、午後五時から午後九時半までが入浴時間である。

兵藤さんはいつもどおり、四時半から浴槽に湯をいれはじめた。火焚場から戸を開けて男性浴室に入り、あらかじめ半分ほど水を溜めた浴槽に、蛇口

火焚場でボイラーの前に座る兵藤重嘉さん

のコックをひねって湯をいれる。浴槽には二つ蛇口があり、ボイラーの湯とタンクの水がでる。湯は約八〇度にわかし、今の時期は湯を半分たすとちょうど良い温度になる。

浴室はほぼ正方形で、真中にタイル張りの円い浴槽が一つある。壁には二つの鏡と、水のでる三つの蛇口がついている。男性浴室から仕切りの戸をあけ、兵藤さんは女性浴室に湯を入れるためはいった。入浴調査で常にもどかしく感じるのは、女性側が見られないことである。入浴者がいないことはわかっていても、私は少し緊張しながら女性浴室に続いてはいった。

駒形共同浴場　女湯浴槽
円形で中は２段になり、腰掛けられるようになっている。

女性側の浴室も、浴槽の位置と大きさは男性側と同じである。ただし子供連れではいることが多いので、男性側より洗い場が少し広くなっている。

先に紹介した申請書には、浴室の仕様が、

一、浴室の床面積は男子用一六・五二平方米、女子用二〇・六六平方米にして、床セメントモルタル塗りとし、室の周囲にある排水注口にむかい適切な勾配をもうける。

一、浴室の天井高は床上三・一一米（平均天井高）にして板張りペンキ塗り仕上げとし、周壁は床上一・〇七米迄モルタル塗り仕上げとす。

一、浴槽は男女子用共直径一・八二米円型槽、面積二・六〇平方米とし、深さ一・〇七米、高さ床上〇・三六内とし、槽内部に巾〇・二五米の足掛けを設ける。

一、浴室の採光換気は東及西側に巾一・八二米内一・二一米二個を設ける。亦《また》室の中央部上部に一・五二米角の湯気抜き設備する。

とあり、私の観察がうらづけられる。このほか目につくのは、排水設備や採光と換気のための窓、浴室が傷まないための配慮などを細かく書いていることである。衛生面についての細やかな記述は、公衆浴場法の条文にある衛生面に配慮していることをあきらかにする必要があったのである。

駒形共同浴場の女性
脱衣室の赤ちゃん台

浴室から引違い戸で続く玄関と脱衣室について、同じ申請書には、
一、正面玄関出入口は男女子用共巾一・八二米、内方一・七六米の腰板硝子戸《がらす》引違とす。
一、玄関土間はコンクリート打モルタル塗りとし、男子は東側女子は西側に夫々下駄箱を設け、下駄箱の前一部をすのこ板張りとす。
一、脱衣室は男女子用共に床板張りにして、天井板張りとし天井高三・三三米とし、面積は男子用一〇・九二平方米、女子用一三・六五平方米とし東及西側に夫々脱衣箱を設ける。
とあり、このあと玄関と脱衣室の窓にふれ、採光と換気は十分だと結んでいる。

脱衣室には、男女の仕切り板に沿って長椅子がある。女性側には、中央に木製の赤ちゃん台もある。

窓側の下駄箱と脱衣箱は、格子状の木製の棚である。銭湯のように棚には扉がなく、無論鍵もついていない。たとえ脱衣室に貴重品を忘れても、いつまでも無くなる心配がない。そうした共同浴場の雰囲気をかき回されたくない、という気持ちが、非組合員の入浴を阻んできたのである。

銭湯と大きく違うのは、入浴料を支払う番台がないことである。さらに、入口の外と、入口から入ってすぐ上に掲示用の黒板があることである。黒板で駒形地区の連絡事項などを知らせたのである。

なお、元の銭湯の建物には、男女の脱衣所上の二階に広間があった。部屋は一間で、入浴後の娯楽室を目的につくった。共同浴場になってからも、二階は娯楽室として使った。同時に青年団が集会所としても利用し、青年団が部屋を管理していた。昭和初期ころに青年団がラジオを買って二階においた。まだラジオが珍しい時代で、浪花節などがはじまると、風呂からみんながでて聞いたという。

浴槽に湯を入れて、兵藤さんは火焚場にもどり、再びボイラーを水でみたした。男女の浴槽に湯を入れると、ボイラーの湯は半分ほどに減る。さらにボイラーに一杯の湯を、八〇度までわかしておくと、この日使う湯は足りる。これから一時間半ほど木を燃やし、一度家に帰り、入り終わったころに来て掃除をするのだという。

午後五時すぎ、女性の浴室から話し声が聞こえた。「いつもの二人だ」と兵藤さんはいう。男性浴室をのぞくと、いつのまにか一人の青年が入っていた。男性側の静けさと、女性側の賑やかさは、銭湯も共同浴場もかわらなさそうであった。

◉――はじめての入浴

加藤さんが家にタオルを取りに帰った。私達も兵藤さんを火焚場に残して、入ることにした。

下駄箱に靴を入れ、脱衣室で服を脱ぐ。脱衣室は寒かったが、浴室はすでに暖かだった。一番湯の青年と、加藤さんが浴槽につかっていた。私達のすぐあとから、一人の青年がはいってきた。二人の青年は帰省中の加藤さんの孫で、子供のころから共同浴場を利用している。加藤家にも内風呂はあるが今もわかさず、親子二夫婦が共同浴場に入りにくる。

さらに、二人中年の人が入ってきた。中の一人は、若夫婦は内風呂を利用しているという。十三軒といっても、家族みんなが入るのではない。入るのは三十人ほどで、五十歳代から八十歳代までの高齢者ばかりで、若い世代は内風呂を利用しているのである。

男女とも、共同浴場にくる時間は、毎日決まっている。この時間帯は、男性側は加藤さんと、あとから来た二人、今日が当番の兵藤さんの四人で、毎日顔をあわせる。主婦は食事のかたずけがあるため、遅い時間帯に顔を合わせることが多いという。

円い浴槽は、入ると深く感じた。小学生の息子は中腰で、足をくの字より深くまげると口から湯が入る。それをみて、私は子供のころ入った銭湯を思いだした。その頃の銭湯の浴槽は、今の銭湯より狭かったが深かった。中腰で入る息子を見て、私もそうだったことを思いだしたのである。

「共同浴場は、冬はことのほか暖まる」という。それは浴槽の浅い今の内風呂や銭湯とくらべ、肩まで浸かる深い浴槽と関係していそうに思えた。深い浴槽と関係するのか、浴槽の縁も今の銭湯より高かった。先の申請書にも、数値は書いていた。ただし入ってみて、身体で感じてはじめ

駒形共同浴場の浴槽をまぜる

てわかることなのである。

しばらく暖まって、体を洗うため浴槽からでた。中央の円い浴槽は、まわりに座って桶で湯をくみながら洗うには都合よかった。共同浴場には強化ポリエステルの桶はあるが、椅子はない。タイル張りの床にすわるとヒヤッとしたが、それもすぐに慣れた。

銭湯研究家の町田忍は、関西は縁の高い浴槽が多いという。理由は書いていないが、体を洗うとき石鹸が飛んでも、湯にはいって汚す心配は少なそうである。

加藤さんが小学生のころ、学校に検診でくる校医が、駒形の子供は耳のうしろが黒く汚れていないのですぐわかる、といっていたという。

共同浴場では体だけでなく、洗髪などで大量に湯を使っても、やかましくいう人はいなかった。私はこころおきなく湯をくみ、体と髪を洗ったのである。

洗いおわって湯に入ると、加藤さんが蛇口側の手足を湯の中で動かしている。あつくするため湯を足して、グルグル混ぜているのである。その慣れた動きに、生まれたときから入り続け、身についた身体技術を実感した。なお、共同浴場で、あついぬるいを決めるのは、「心臓が強い方が勝ち」だという。

ボイラーの内側が錆《さび》て鉄錆が混ざり、湯はわずかに赤茶けている。「有馬温泉のようだ」と、加藤さんはいう。そのためではなさそうだが、共同浴場はよく暖まった。

共同浴場から外にでると、一足先に出た息子が夜空のオリオン座をみていた。ホカホカする身体でながめる冬の星空は、ことのほか輝いて見えた。

二、共同浴場の発見

駒形でみたように、共同浴場は地域民が共同利用する入浴施設である。その意味では、銭湯とかわらない。ただし、建設から、毎日の当番や管理運営も利用者がおこなう。営利を目的に建設し、営業する銭湯とはそこに違いがある。

こうした共同浴場は、東海地方では東三河から静岡県の天竜川までの沿岸部にみられる。静岡県側の共同浴場は、小杉達氏が調査して紹介していた。論文のなかで、隣接する愛知県側にも共同浴場があると書いていた。

◉――共同浴場をめぐる人の輪

私は、以前から入浴に関心があり、愛知大学で「入浴の文化人類学」を講義していた時期がある。その講義で、小杉氏の論文を利用して共同浴場を紹介していた。受講していた社会人学生の神谷公二さんは、共同浴場の体験者でもあり関心をもった。そして豊橋を中心とする東三河の十三ヵ所の共同浴場をレポートにまとめ提出した。神谷さんの精緻なフィールド調査の成果に私は驚き、研究室に来ていた朝日新聞の山本直樹記者にその話をした。

平成六年三月三十日の朝刊に、共同浴場を発見した神谷さんの紹介記事が掲載された。その少し前の二十五日には、山本記者が保健所と共同浴場を取材して、「共同風呂心も温かく―交代で沸し楽しむ」の題で記事をのせた。さらに翌年、私が入った駒形共同浴場をとりあげ、名古屋のＮＨＫテレビが三十分番組を製作し放映した。番組は大好評だったようで、しばらくして全国放映される。

小杉さん、神谷さん、山本記者、テレビ番組の製作者、さらに全国の視聴者と、共同浴場への関心は広がりをみせた。共同浴場には、現代人にアピールする何かがありそうだ。私は、それが何なのか、知りたいと思うようになった。

まずは、一つひとつの共同浴場を訪ね歩いて、調査する必要がある。さいわい、私が担当する博物館学芸員課程民俗学実習の学生に協力してもらうことができた。学生達と調査項目をきめ、グループごとに共同浴場のフィールド調査をした。主な調査項目は「成立から廃止までの経緯」「管理運営と利用のあり方」「共同風呂の地理的位置」「共同浴場の見取り図」である。調査の過程でもあらたな共同浴場の発見があり、三十三ヵ所となった（図３・表２）。さらに文献や調査で、今は東三河で四十三ヵ所の共同浴場を確認している。

調査成果はまとめて、『実習報告書』に「共同浴場の民俗誌」として掲載した。さらに愛知大学綜合郷土研究所の展示室で「東三河の共同浴場」展を開催して一般公開した。報告書がきっかけで、佐賀県を中心とする南九州や鳥取県中部に共同浴場が集中していることを、研究者の白石太良氏から教えられた。共同浴場は、全国に広がりを持つ入浴慣行だったのである。

ただし、私達が調査した東三河の共同浴場三十三ヵ所のうち、平成七年に継続していたのは五ヵ所にすぎなかった。その五ヵ所も施設の老朽化や利用者の減少で、維持が難しくなっていた。駒形でも、交差点改修の計画がこのときから持ちあがっていた。東三河の共同浴場の火は、消えようとしていたのである。

こうした衰退のなかに、人々が共同浴場に関心をよせる理由の一つがみいだせる。消えゆく文化への愛惜の念が、人々のこころを動かしたのである。社会変化が急激なだけに、身近な過去を懐かしむ傾向は強まっているのである。

ただし、愛惜の念だけでこれほど多くの人々の共感が得られたとは思えない。ブックレットを書くにあたり、私はあらためて共同浴場の意味を二つの視点から考えたいと思った。一つは日本の入浴文化の中に位置づけることであり、もう一つは共同浴の意味を東三河の共同浴場で考えることだった。そのために私は学生達の報告書を読み返し、計画が遅れ今も継続する駒形共同浴場を訪ね、七年間のブランクをうめるスタートとして入浴を選んだのである。

このレポートが共同浴場についての学生達への模範解答となり、人々が共感した理由の答えになっていることを願うのである。

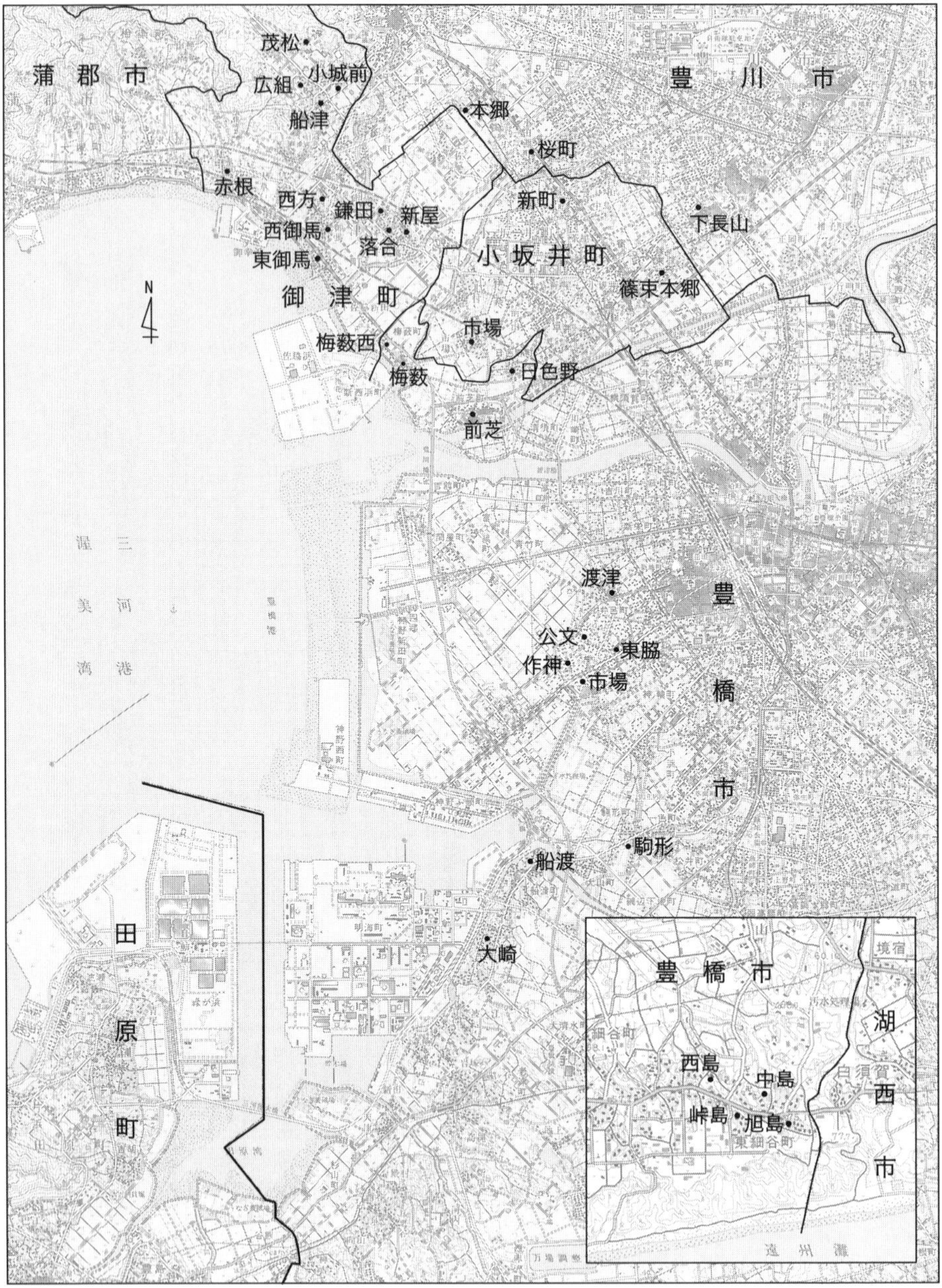

図３　東三河の共同浴場の分布図

表２　東三河の共同浴場の変遷

番号	市町村	町字（シマ）　時代区分／関連事項	M・明治後半	T・大正	S・昭和戦前	S・昭和戦後	H・平成	移転・再建など
		関連事項	37〜38 日露戦争	3 第一次世界大戦 12 関東大震災	4 世界恐慌 14 16〜20 配給制度 太平洋戦争	23 公衆浴場法 35 国民所得倍増計画 43 漁業補償 45 大阪万博 48 オイルショック 60 男女雇用機会均等法	3 バブル崩壊 7 阪神・淡路大震災	
1	宝飯郡御津町	豊沢・茂松	(M期)－－－－	────	────	───→ S51		S10年火災で消失し、再建した。
2	宝飯郡御津町	広石・竹本		(T期にあった)－－－	────	───→ S56		
3	宝飯郡御津町	広石・門前	M末・T初	────	────	──→ S41		
4	宝飯郡御津町	広石・広国	(M44にあった)－－－－	────	────	───→ S47		
5	宝飯郡御津町	赤根・		T12 ←──	────	────	──→ H８頃	「上湯」「下湯」２つをつくり、S２年に合併した。
6	宝飯郡御津町	西方・	M末・T初	────	───→ S15			
7	宝飯郡御津町	御馬・西御馬			S13 ←──	───→ S46		
8	宝飯郡御津町	御馬・東御馬		S２	←───	────	──→ H２	
9	宝飯郡御津町	下佐脇・落合		T７ ←──	────	───→ S59		
10	宝飯郡御津町	下佐脇・新屋		S３	←───	───→ S53		
11	宝飯郡御津町	下佐脇・鎌田		(T末にあった)－－	────	───→ S52		
12	豊川市	小田淵・本郷	(M39にあった)－－－－	────	────	──→ S37頃		
13	豊川市	小田淵・桜町	T初	────	────	───→ S51頃		
14	豊川市	下長山			S８ ←──	────	→ H元	
15	宝飯郡小坂井町	篠東・本郷		(T末にあった)－－	────	────	──→ H８	
16	宝飯郡小坂井町	伊那・市場		T14頃 ←──	────	────	──→ H８頃	S38年再建した。
17	宝飯郡小坂井町	伊那・新町		S３頃	←───	────	────	
18	豊橋市（三河湾沿岸）	梅藪	(M38にあった)－－－－	────	────	───→ S55頃		「上湯」
19	豊橋市（三河湾沿岸）	梅藪・梅藪西		T末	────	───→ S50頃		「下湯」。S27年に再建した。
20	豊橋市（三河湾沿岸）	日色野	T５頃	←───	────	───→ S48頃		S５〜７年に再建した
21	豊橋市（三河湾沿岸）	前芝			S18 ←──	────	─→ H４	S35年火災で焼失、S36年再建した。
22	豊橋市（三河湾沿岸）	牟呂・公文	M末・T初	────	────	────	─→ H３	
23	豊橋市（三河湾沿岸）	牟呂・作神	T初	────	────	───→ S48		
24	豊橋市（三河湾沿岸）	牟呂・渡津		S初	────	────	→ H元	S28年に移転し、再建した。
25	豊橋市（三河湾沿岸）	牟呂・市場			S13 ←──	───→ S59		銭湯から共同浴場へ。S23年に移転し、再建した。
26	豊橋市（三河湾沿岸）	牟呂・東脇		(T期) ────	────	─→ S30		２度再建した。
27	豊橋市（三河湾沿岸）	駒形		T６ ←──	────	────	────	M41年頃の銭湯から共同浴場へ。
28	豊橋市（三河湾沿岸）	船渡		S２	←───	───→ S53		銭湯から共同浴場へ。
29	豊橋市（三河湾沿岸）	大崎		T13 ←──	────	───→ S46		
30	豊橋市（表浜）	東細谷・峠島	M末・T初	────	────	───→ S47		
31	豊橋市（表浜）	東細谷・西島	M末・T初	────	────	───→ S43頃		
32	豊橋市（表浜）	東細谷・中島	T初	────	────	───→ S45頃		
33	豊橋市（表浜）	東細谷・旭島	T初	────	────	───→ S45頃		

注）調査した33ヵ所の他、以下の場所に共同浴場があった。

豊橋市は、橋良・岩崎・馬見塚・花田町の４ヵ所、蒲郡市は、大塚町の勝川・十能・平原・本郷、水竹町の５ヵ所、幡豆郡幡豆町寺部に１ヵ所ある。

三、二つの入浴文化の展開

◉——「フロ」と「ユ」の系譜

遠回りするようだが、日本の入浴文化についてみておきたい。

まず、日本人は、なぜ入浴するのだろうか？

あたりまえすぎるこの疑問に、思ったことすらないと答える人が多いはずである。ただし、あらためて問われてみると、不思議である。人は入浴しないからといって、病気になるわけでも、ましてや死ぬわけでもない。世界には生まれてから死ぬまで、一度も入浴しない民族はいくらでもいるのである。

世界的にみて、入浴文化は素朴な社会より文明社会で発達している。入浴には加熱の装置や施設、石鹸やタオルなどのモノ、それらを使いこなす技が必要である。かけ湯とか上がり湯、入浴の順番など約束事も多く、入浴することの意味や価値観も違っている。入浴の「文化」は文明化の過程で、さまざまな民族の「くせ」をうみだしたのである。

日本はアジア東端の島国で、文化の吹き溜まりである。また、日本は多様な自然と長い歴史があり、文化にも地域差や時代差がみられる。そして入浴文化においても、日本人は多くのくせを持つようになったのである。

なかで今回とりあげる共同浴場は、東三河から遠州にかけての地域性と、近代という時代性のなかで生まれた、一つの「くせ」といえるのである。

さて、普通入浴施設を意味する「風呂」と「湯」を、私はここまで使っていない。日本の「フロ」と「ユ」は、もともと別の意味があった。混乱をさけて、あえて使わなかったのである。以下でも、風呂と湯は固有名詞に限定する。カタカナの「フロ」と「ユ」は、別個の入浴文化を意味する文化概念として使いたい。

まずここでは「フロ」と「ユ」がなにを意味するのか、大和ことばにより概念規定することにした。それに形態と地域をあてはめたのが表3である。ただし、紙数の関係で個々の説明は省略することを、あらかじめおことわりしておきたい。

「フロ」は、民俗学の柳田国男が「風呂の起源」で、「ムロ（室）」と同じで、窟あるいは岩屋のことだという。「室」を「フロ」と訓ませる地名が多いことをその理由にあげる。本来は岩窟を意味した「ムロ」が、それを利用する入浴施設を意味するようになり、「フロ」に転化したのちに風呂の字をあてた。「フロ」は気密性の高い岩窟などを利用した入浴施設で、石風呂などがその語源に最も近いという。

表３　「フロ」と「ユ」の範囲と内容

領域	エネルギー	共同浴（使用地）	個人浴（使用地）	気密性
↑フロ	熱気浴	サウナ 石風呂　（瀬戸内） 蒸し湯　（東北・関東・九州） 塩石　（臼杵市）	砂風呂　（九州沿岸） エンシキ（山口県）	● ● ● ●
フロ	蒸気浴	浴舎　（畿内大寺院） 板風呂　（畿内） ウムシ　（畿内・瀬戸内）	オロケ　（佐渡・北陸）	● ● ● ●
フロ↓ ↑ユ	半蒸気浴	戸棚風呂（大都市） 柘榴風呂（大都市）	籠風呂　（滋賀・愛知・岐阜・香川）	○ ○ ○
ユ	湯浴	改良風呂（都市） 潮湯　（太平洋・瀬戸内沿岸） 温泉　（東北・関東・九州）	取り湯槽 五右衛門風呂（村） ・長州風呂 据風呂（町） ・鉄砲風呂 ・子持ち風呂 ・ガス風呂	
ユ	温浴		行水	
ユ↓	水浴	川（湖） 海 シャワー		

注）気密性の●は熱気と蒸気、○は蒸気と湯であたたまる。

ただし全国の山奥に多い「フロ」地名は、入浴施設とは直接関係しない。「森」・「林」・「社」を「フロ」と訓む地方があるからで、「神の森」あるいは「聖なる空間」を意味するという。地名に風呂とあっても、入浴施設が存在したかは即断できないのである。

「ユ」は、言語学の新村出が「風呂雑考」で、潔斎を意味する「ユ（斎）」を語源にあげる。「ユ」は潔斎のための沐浴《もくよく》を意味し、川や海、温泉でもよく、湯に限らなかった。手段によらず、穢《けがれ》を落とすことに本来の意味があるという。

歴史学者で入浴研究家の武田勝蔵は、監修の『公衆浴場史』で「ユ」について違った見解をのべている。自然に湧出する温泉を古くから「ユ」と呼んだことから、温泉での潔斎が「ユ（斎）」を意味するようになる。それが温泉だけでなくわかした湯も、「ユ」と呼ぶようになったという。

ここでは、入浴の身体への作用も加味し、以下のように整理しておきたい。

「フロ」は、石風呂やサウナのような蒸気・熱気浴を意味し、気密性の高い施設で、身体から発汗をうながす作用に基本がある。

「ユ」は、水浴（海水浴）・温浴・湯浴（温泉浴）を意味し、開放性の高い施設で、身体を洗いながす作用に基本がある。

「フロ」と「ユ」は大きな差があり、系譜が異なる入浴文化といえそうである。文化人類学の吉田集而氏は『風呂とエクスタシー』で、「フロ」は北方ではじまり、「ユ」は熱帯・温帯の南方で広くみられるという。

民俗学の神崎宣武氏は『「湿気」の日本文化』のなかで、湯浴への指向性は、夏の高温多湿のむし暑さと、冬の寒さという日本の気候が影響していると述べている。

日本特有の気候のなかで、南北の入浴文化が出会い、湯浴へと融合する過程で、多様な入浴文化がうまれたといえそうである。そして、多様性において、日本は世界の入浴文化の縮図といえるまでになったのである。

それでは日本の「フロ」と「ユ」は、どのような展開をみせたのだろうか。

◉――入浴文化の地域差

民俗学の宮本常一は、東西日本の地域差をしめす文化要素の一つに入浴文化をあげている。昭和初期の自らの入浴体験をもとに、西日本は「風呂に行く」、東日本は「湯に行く」という差があった。それは、西日本では「フロ」、東日本では「ユ」と、入浴文化に違いがあるからだという。ただし、いつからそうで、境界がどこなのかについてはふれていない。

私なりに歴史を加味しながら、見取り図をしめしておきたい。

日本は、先に「ユ」の文化があり、後に「フロ」の文化が伝わったと考えている。日本人の入浴にこだわる背景に禊《みそぎ》があり、「ユ」は身体の穢を除く方法だった。中国の史書『魏志《ぎし》』の「倭人伝」は、三世紀の日本の政治や生活を伝える最古の記録である。なかに死穢を清めるため、遺族が喪《も》あけ後に沐浴したと書かれている。おそらく川か海に入り、禊をしたのであろう。

その後仏教と共に入浴思想と浴舎が伝わり、畿内を中心に広がる。『仏説浴像功徳経』には仏像を洗い清める「浴仏《よくぶつ》」の由来、『仏説温室洗浴衆僧経（温室経）』には衆僧の「洗浴《せんよく》」の効用や作法が説かれ、浴仏や洗浴は仏教の修行の一つでもあった。古代の大寺院には浴堂あるいは温室と呼ばれる浴舎があり、東大寺や東福寺などには今も浴舎が残るのである。

ただし仏教と共に入った浴舎が「フロ」か「ユ」かは確実な資料がなく、見解が別れる。私は大寺院の浴舎は「フロ」だったと推測している。

仏教の入浴思想が早くから広まる畿内を中心に「フロ」の文化が、伝播が遅れた東日本に「ユ」の文化が残るからである。表3をみると「フロ」の文化は、畿内を中心に瀬戸内と中部の一部にみられ、そこは温泉が湧出しない地域でもある。東日本に「フロ」の文化の伝播が遅れるのは、温泉の利用も影響していそうである。

温泉の古くからの利用は、日本最古の地誌『出雲国風土記《いずものくにふどき》』(七一三年)の玉造《たまつくり》温泉(現島根県八束《やつか》郡玉湯《たまゆ》町)からもわかる。温泉で、国造が朝廷に向かう前に禊をしたこと、多くの老若男女が訪れ、飲食をも楽しむ今と変わらない情景が記されている。日本人は地下から湧出する不可思議な温泉に、早くから霊力をみとめていたのである。

そして「フロ」と「ユ」のながい融合の過程で、籠風呂《かごぶろ》や石榴口《ざくろぐち》のような複合的で明確に区分できない装置も生まれる。宮本常一は、そのことを知っていたので、あえて具体的な時代や地域にふれなかったのである。

◉——「フロ」周縁の籠風呂

畿内と隣接する瀬戸内と中部の、「フロ」の文化の周縁に、不思議な個人浴装置があった。家庭

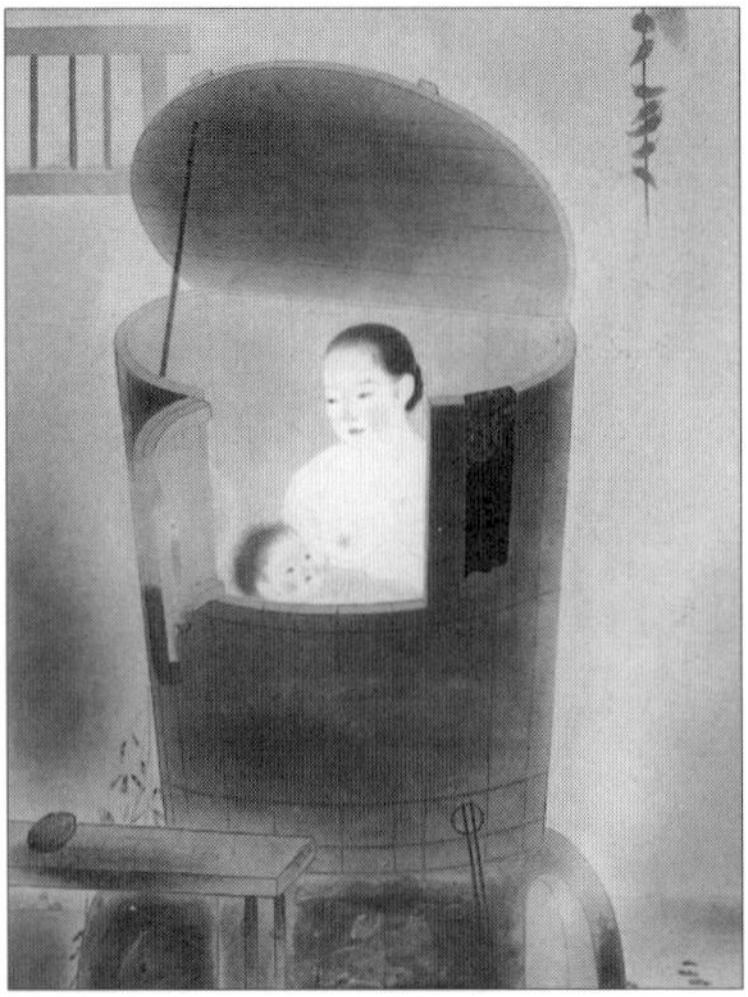

沢宏靭作「牟始風呂《むしぶろ》」
（昭和９年、滋賀県立近代美術館所蔵）
土間に据えた五右衛門風呂で母子が入浴している。籠風呂と同じ原理で、扉をつけて入浴しやすくしている。

の内風呂にみられ、浴槽に藁や竹で編んだ蓋をかぶせる。濃尾平野ではこれを籠風呂などと呼んだ。籠風呂は春夏秋は普通の入り方で、寒い冬にだけ浴槽に入ったあと熱気をにがさないように蓋をした。「ユ」に「フロ」を加味した複合装置である。

分布は、愛知県と岐阜県の濃尾平野、滋賀県の湖西平野、三重県の伊賀盆地、四国香川県の讃岐平野で、すべて平野部なのが特色である。

湖西平野の伊香郡高月町立観音の里資料館は、木蓋に改良した籠風呂を収蔵している。同館の話しでは、水田の畦に植えたハンノキの枝を、田に埋めて皮を肥料にし、冬前に掘り出して木部を燃料に使った。ハンノキは稲を干す稲架にも使い、実に多様に利用していた。燃料や緑肥を得るための山が乏しかったのである。

濃尾平野の木曽三川が合流する輪中地帯の立田村も、籠風呂を利用していた。立田村は、屋敷まわりに木を植え、枝木や落葉を燃料にした。内風呂には蓮根などの作物の根や茎も利用した。濃尾平野には稲や麦の藁を燃料に使ったところも多い。藁を燃やすときは、焚口に人がついて燃やした。藁は燃えるたびに少しずつたさないと、燃料効率が悪くなる。また、湯がさめて追い焚きするときは、藁が「ジワリ、ジワリ」燃えるよう束をねじってからくべた。そのねじり方にも、コツがあった。これも山が遠い、平野部でのくらしの智恵といえよう。

さらに平野部では、冬は北西風の影響で冷え込む。立田村で風呂について講演したとき、役場付近が「風の道」になっていると教えられた。風の道は、日本海からの「伊吹おろし」がことに強く吹く場所だという。

濃尾平野では、昭和三十四年の伊勢湾台風の被害で、わずかに残っていた籠風呂が消える。多くの民家が新築し、内風呂を新しくする。それまでは母屋の土間の一画を囲っただけの、隙間風が入る浴室もあった。浴室の気密性が高まり、蓋のかわりをするようになったのである。

ところで籠風呂の分布をみて、不思議に思わないだろうか。寒冷な東日本でこそ籠風呂が、広く利用されていてよいはずだからである。わずかに能登半島や佐渡には、戦後までオロケとよばれる籠を被せた内風呂があった。オロケは燃焼装置がない桶を浴槽に使い、熱湯をいれたあと蓋をして入る、最も原初的な個人浴施設である。ただし能登半島や佐渡は、歴史的には畿内文化の影響の強い地域である。籠風呂の分布は、畿内の「フロ」の文化地域に限定されていたのである。

家庭での内風呂の利用は、近世以降といわれ、東日本の内風呂にも「フロ」の文化が影響していてもよいはずである。それが伝わらなかったのは、近世には村での内風呂の利用がごく一部に限られ、東日本が畿内とその周縁地域より内風呂の普及が遅かったのであろう。

とはいえ私の東日本の知識はとぼしく、この暴言を正していただけることを願うのである。

四、入浴文化とエネルギー

◉——共同浴とエネルギー

いつになったら共同浴場にもどるのか、心配している読者がいるかもしれない。もう少しまってほしい。日本人の入浴への「こだわり」をもの語る多様な入浴施設と、入浴するための苦労がわからないと、共同浴場が理解できないからである。

入浴の装置や慣行、価値観などを考えるとき、「個人浴」か「共同浴」かは重要である。常識的に考えても、特定の階層をのぞくと個人浴は新しく、共同浴が古いといえる。そして多くの日本人に入浴が身近になったのは、共同浴が発達したからである。書名を「共同浴の世界」としたのは、「共同浴」こそが共同浴場だけでなく、日本の入浴文化を読みとくキーワードだと考えたからである。

共同浴というと、すぐ温泉と銭湯を思いおこす。ここでは温泉はひとまずおき、銭湯を通して共同浴について考えてみたい。

銭湯の歴史は古く、京都では鎌倉時代に「銭湯」の記録があり、江戸では幕府が開かれてすぐにできる。都市は建物が密集するため火災が怖れられ、内風呂より銭湯が奨励される。また都市は不潔で、銭湯は数少ない社交場でもあったからである。

『公衆浴場史』では、近世の銭湯に二階があり、男性客が湯女《ゆな》のサービスをうけていた。このサービスは風紀上の問題があり、湯女は取り締まりの対象となった。二階は社交場としてその後も続くが、東京では明治十五年頃までに廃止されたとある。

明治建築を集めた博物館明治村には、半田市亀崎で明治時代から営業していた「東湯」の建物を移築保存している。その建物も二階建てで、入浴後は二階にあがり将棋などをして男性客が遊んだという。明治末にできた駒形の銭湯にも二階があった。銭湯と一口にいっても、都市と地方の差は大きかったのである。

また共同浴は個人浴より、装置やエネルギー面で効率がよかった。都市での銭湯の発達も、エネルギーぬきには語れないのである。

石川英輔氏は『大江戸えねるぎー事情』で、エネルギー面から個人浴と共同浴施設を比較している。今の装置と燃料が基準だが、参考にはなろう。

個人浴は、標準的な内風呂と家族四人で計算すると、石油換算で一人が一日に三百ミリリットル使っている。

共同浴は、銭湯で計算すると、大量にわかすため燃料効率が内風呂より少しよい。銭湯は近世から建築廃材などを使うことが多く、石油を半分に見積もると三分の一で間に合う。これは一人あたりに換算した油量である。銭湯は内風呂にくらべて同じ湯を多くの人が利用する。少なめに五倍の人が利用するとすれば、銭湯では一人が一日二十ミリリットルになる。つまり、個人浴にくらべ共同浴は、十五分の一のエネルギーですむ。

なお江戸時代の湯銭は、蕎麦の「もり・かけ」とほぼ同額におさえられていた。そのため銭湯経営は苦しく、薪は買ったが廃材も燃料に利用した。「湯屋の木拾い」は、銭湯経営で廃材集めが重要な仕事だったことをしめしているという。

石川氏のエネルギー収支をさらに補強するのが石榴口である。近世の銭湯には石榴口があり、今の銭湯よりエネルギーが節約できた。石榴口は、浴槽と洗い場の間に上からおろした板壁の下に出入り口をつけた装置をいう。入浴者は出入りが不便で、浴槽内も暗かった。ただし、熱気が逃げにくいのでエネルギーの節約になり、湯が少なくても暖まったはずである。これはすでにみた、籠風呂にも通じる原理といえよう。

『公衆浴場史』には、石榴口がない銭湯は、明治十年に温泉の浴槽をヒントに東京ではじまる。明るく、衛生的で「改良風呂」と呼ばれて好評をえた。明治十二年には東京府令で石榴口の撤廃が命じられ、改良風呂は東京から全国に広がったという。

今風にいうと、江戸時代の銭湯は環境にやさしい入浴文化なのである。

都市の銭湯とくらべ、村における個人浴の入浴事情はよくわからない。銭湯は近世の行政資料が残り、近年は銭湯が見直され、銭湯めぐりの本すら出版されるようになった。ところが個人浴は旅籠などの状況が少しわかる程度で、銭湯のように資料は残らないのである。

◉——個人浴のエネルギー

庶民が使う個人浴槽は、一般には板を竹輪でしめた結い桶を使った。そして燃焼装置の違いで、五右衛門風呂《ごえもんぶろ》と据風呂《すえふろ》の二形式があった（図４）。

五右衛門風呂は底のない桶を、竈に据えた平釜の上にのせた。下から火を焚いてわかすので、地獄風呂などとも呼んだ。

据風呂は浴槽に燃焼装置をとりつけたもので、横から差し込んだ「へそ風呂」、上からいれる「鉄砲風呂」があった。燃焼装置からパイプで浴槽に湯をおくる「子持ち風呂」も近世末頃にあったと近世の百科事典『近世風俗志』にある。また五右衛門風呂は京大坂、鉄砲風呂は江戸が多いと、個人浴施設にも地域差があったと指摘している。

ここからは私の西日本を中心とした聞き取りと、体験から話しをすすめたい。

五右衛門風呂は直下式のうえに、竈も焚口も大きかった。落葉や収穫物の殻《から》、藁など何でも燃やせ、家の塵《ごみ》が片付いてきれいになった。ただしこうした燃料は、すぐ燃えつきるので側にいなければならず時間もかかった。それで、年寄りや子供が火焚きの番をすることが多かった。

　据風呂は燃焼装置が小さいので、燃料も限られていた。へそ風呂は薪、鉄砲風呂は炭と薪を使った。据風呂は移動でき、使ったあと仕舞える利点がある。居住空間が限られる町屋では、据風呂が重宝した。京大坂と江戸の東西の地域差に加え、五右衛門風呂は村、据風呂は町場という差があったのである。ただし、なんでも燃やせる五右衛門風呂を使った村でも、体験者に聞くと「くるぶし風呂」とか「へそ風呂」だったという。浴槽に入ったとき、「くるぶし」や「へそ」までしか湯がなかったのである。

　町場では燃料を購入したが、村では冬間に自分達で燃料を用意するのが普通だった。男性は立木を伐って割木にするまでで、あとの仕事はたいてい女性だった。それでも薪山が近くにある家は恵まれていて、薪山が遠かったり、ない家の苦労は想像以上だった。

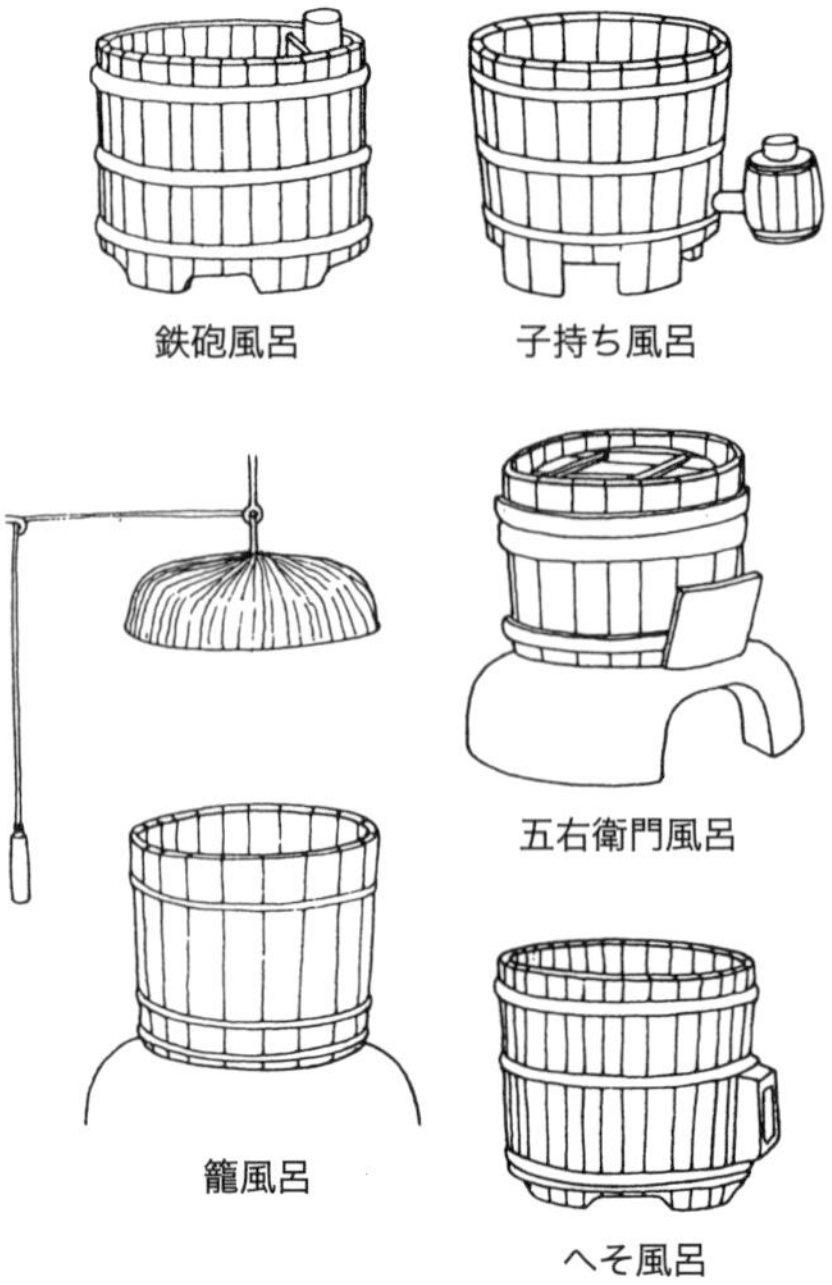

図４　個人浴槽の種類
（印南敏秀「風呂」『日本民俗大辞典』下巻、吉川弘文館、2000より転載）

海岸部や平野部では、薪山を持たない家が多かった。ことに漁村は寄木や流木拾いがさかんで、漁の手をとめてまで流木を拾ったという。拾った寄木《よりき》や流木《りゅうぼく》は、浜で雨にあてて潮気をぬいてから使った。潮気があると、釜が傷むからである。

漂着学の石井忠は『海辺の民俗学』で、寄木や流木は不浄なので、煮炊きには使わず、風呂木としてわけて利用したという。

内風呂は燃料をたくさん必要とし、燃料にまつわる苦労話が多い。そのため燃焼効率のよい、浴槽全体が鋳物の新式五右衛門風呂、つまり長州風呂が登場する。近畿地方では、明治末とか大正頃に五右衛門風呂から長州風呂にかわったという。近代に登場した長州風呂が、内風呂普及にはたした役割も大きかったのである。

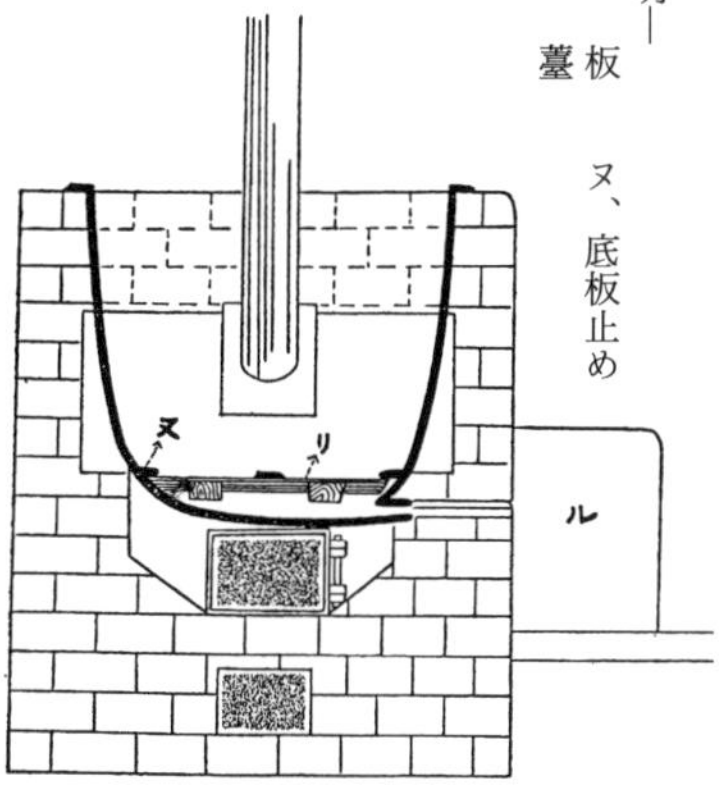

図5　長州風呂の築造法の説明図
（広島市大和重工株式会社提供）

—説明—
リ、底板　ヌ、底板止め
ル、踏臺

私の実家は愛媛県新居浜《にいはま》市だが、長州風呂に入っていた。サラリーマンの父親は大工仕事が好きで、燃料にする薪が豊富にあった。そのため遅くまで長州風呂を使い、実家にいたころは私も時々わかしていた。

話しに聞く五右衛門風呂にくらべ、長州風呂は格段に燃焼効率がよかった。夏だとすぐ、冬でも三十分ほどでわいた。薪を二、三本くべておくと長時間冷めにくいし、追い焚きすれば湯がふんだんに使えた。トロトロ燃えるおき火であたたまる気分は最高だった。欠点はわかしている途中で入ると、沈めた底板の間からの熱湯や、火があたる浴槽が熱かったことぐらいだった。

熱だけでなく次は水運びのエネルギーにもふれたい。

水をくむ井戸は、ほとんどの場合屋外にあった。井戸から水をくみあげ、家の中の浴槽まで桶で水を運んだ。少しでも手間を省くため、浴室の窓から水を入れたともいう。川に近い据風呂を使う家では、夏間は川辺に浴槽を運んでわかし、水運びの手間をはぶいたという。

水道になれた私達には、想像できないほど水運びは大変だった。若い頃の思い出で一番印象に残るのは、という私の問いに、「戦後水道ができて、蛇口をひねるだけで浴槽に水が貯まるのを見たとき」と答えた婦人がいた。水運びは子供も手伝うが嫁の仕事で、その苦労から開放された喜びは大きかった。五右衛門風呂も据風呂も、桶の浴槽は手入れが必要で、これも主婦の仕事とするところが多かった。

濃尾平野の稲沢市で、夏間は井戸水を大きな鉢にため、庭において日向水《ひなたみず》にしてから浴槽に入れたという。井戸水は夏でも冷たいので、水運びに二度手間をかけたのである。湯が少ない内風呂は、こうした村での熱や水のエネルギーの苦労をもの語っている。

◉――もらい風呂と共同浴場

さて、共同浴は個人浴施設を利用した内風呂でもおこなわれていた。家族以外の人が入りにくる「もらい風呂」である。

もらい風呂のはじまりは、内風呂が特定の家にしかなく、ない家が入りにきたのである。その時代は意外に遠くないが、聞き取りでは詳しいことは聞けなくなっている。もらい風呂に入れるのはせいぜい五、六軒で、親戚や隣り近所に限られていた。たまにしかもらい風呂できず、よばれると嬉しかったが、気づまりなことも多かったという。

内風呂のある家が増えてからも、順番にわかしてもらい風呂することがあった。ことに農繁期や焚く手間のかかる冬は、共同浴すること多かった。入りにくる家が燃料を持ち寄ることもあったという。内風呂を共同浴にも利用する、「もらい風呂併用期」である。

もらい風呂では途中で水を足し、追い焚きもした。それでも終いころは湯が少なく、ドロドロに汚れていた。遅く入るのは若い嫁達で、身体はあたたまるが、かえって汚れるようだったという。

学生のレポートで「まわし風呂」という慣行のあったことをはじめて知った。へそ風呂を共同購入して、仲間の家を順番に持ちまわり、焚いた家に寄って共同浴した。どこだったか忘れたが、据風呂を利用し、移動距離が短い町場でおこなわれたはずである。

内風呂での共同浴にも、いくつかの段階と種類があったのである。

そして、個々の家で内風呂をつくらず、はじめから共同浴施設をつくり、交代でわかせばどうだろうか。それが、共同浴場なのである。

学生との調査でわかったのは、共同浴場が盛んだったのが、明治末から高度成長期までだったということである。白石氏は、全国の市町村に質問用紙でアンケート調査した。それによると共同浴場の成立は明治・大正・昭和前期の三期で、消滅は昭和三十年から昭和四十年に半数が集中していた。さらに静岡県側での小杉氏の調査結果も、同じ傾向をみせる。それは他地域の村で内風呂がしだいに普及していく、もらい風呂併用期ともかさなる。

村の「近代一〇〇年」は、もらい風呂や共同浴場で入浴が身近になっていった時代といえる。銭湯を利用した都市にくらべ、村での入浴は新しい時代の出来事といえる。それまでは、夏は行水や川などで汗をながし、冬は湯で身体を拭《ふ》くことですませていたのであろう。

五、共同浴場成立の道筋

◉――辻風呂から共同浴場

ここで、再び疑問がわいてくる。なぜ東三河沿岸部では、もらい風呂ではなく共同浴場を選んだのかという疑問である。学生との調査であきらかになったのは、そこにはいくつもの道筋があり、時代によっても違いがあったことである。

なかで、辻風呂《つじぶろ》から共同浴場にかわった、という事例が注目される。豊橋市梅薮《うめやぶ》には、上と下の二ヵ所に共同浴場があった。上の共同浴場は明治三十八年頃にあったが、共同浴場以前は大きな民家の庭に五、六軒の仲間で辻風呂をつくり、共同浴していた。この辻風呂は、近世末頃にはじまったという。

小坂井町伊奈の市場でも二ヵ所に辻風呂があり、十軒から十五軒で共同浴していた。この辻風呂を統合して、大正頃に共同浴場ができたという。

御津《みと》町西方の共同浴場は明治末ころできるが、当初は共同浴場を辻風呂と呼んでいたという。

辻風呂は近世の江戸にすでにあった。辻々で営業しながら移動する小規模銭湯を辻風呂といった。「ツジ」は辻相撲や辻占いなどをおこなう霊的世界とつながり、同時に人が集まる場所である。そして「ツジ」には、「共有」や「共同」の意味もあった。

梅薮や市場の辻風呂が、どういった経緯でできたか知ることはできない。江戸の辻風呂をまねたともいえるが、もらい風呂やまわし風呂の共同浴慣行の一種としてできたと考えたほうがよさそうである。「共同」「共有」の意味で、辻風呂と呼んだのであろう。辻風呂は共同浴施設の、古い呼び名だったのである。

「共同浴場」は、行政が近代になって銭湯にかえて使い、しだいに定着していく呼び名である。明治・大正期は、ほかの共同浴場でも西方のように辻風呂と呼んでいたのではなかろうか。

時代は下るが、豊川市下長山では昭和八年に共同浴場ができる。内風呂があっても、五右衛門風呂をわかすのが面倒だったからだという。共同浴場は広い浴槽と、たっぷりの湯、少しの手間で、安く入れた。

共同浴場は快適性・利便性・経済性などで内風呂より優れていた。共同浴のこうした利点は、小規模な辻風呂でも同じだったはずである。

◉――シマと共同浴場

辻風呂を統合して共同浴場になるには、母体となる組織が必要である。東三河では「シマ」を

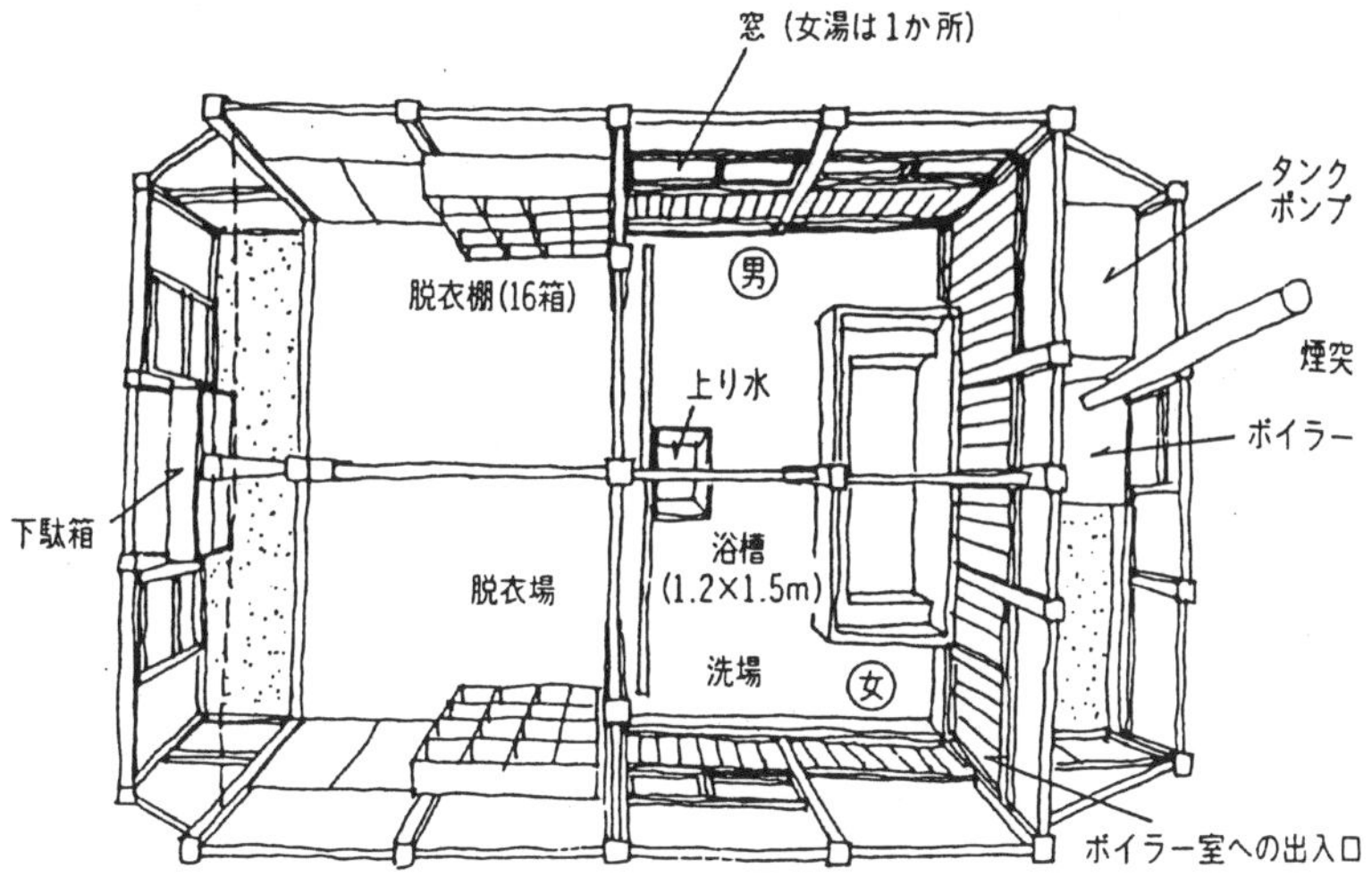

図6　静岡県引佐郡三ヶ日町下尾奈東向共同浴場
真上からのぞいた図（『静岡県史資料編25　民俗三』小杉達氏論文より転載）

中心に、共同浴場が成立する。

シマは『綜合日本民俗語彙』によれば古い言葉で、民俗学でいう「ムラ組」と同じで、「駒形組」の組も「ムラ組」だった。共に共同体として社会生活を持続するために必要は家のまとまりをいう。

市場は、伊奈地区の三つあるシマの一つである。地区の役員は、区長一人とシマ総代三人、評議員十二人で、三者で地区内のことを相談する。そこでまとまらないと、シマ総代が持ち帰って最後はシマの総寄合《そうよりあい》できめた。シマでの総寄合は、共同浴場に隣接する集会所で開かれた。ただし近年は、めったに総寄合は開かないという。

豊橋市東細谷《ほそや》は近世の下細谷村で、四つのシマにわかれる。シマごとに、シマ長がいて、シマのことを相談し、祭礼には幟を立て、共同浴場を維持してきた。行政主導の組は戦争中の隣組がもとで、行政伝達がおもな仕事である。組は戸数が問題で、三十戸足らずの西島はシマと組が重なる。その他のシマは戸数が多く、便宜上二組にわかれる。

各シマとも共同浴場は輪番でわかし、都合が悪いと交代を頼んだ。三軒が順番で世話役となり、年間の運営費や修理代を徴集し、修理の出役《でやく》などの連絡もした。もともとシマのつきあいは緊密で、共同作業も多かった。シマが母体だからこそ、共同浴場の運営がうまくいったのである。

御津町では、いくつかのシマが集まって共同浴場をつくることが多かった。近世村の広石は七つのシマがあり、広国の共同浴場は広国・国岡・後畠シマ、小城前は片町・竹本・越川シマ、船津は門前シマが、御馬は六つのシマがあり、東御馬の共同浴場は本郷・新屋・梅田・西脇シマ、西御馬はシオハマ・学校前シマが共同で運営していた。単独か共同かは集落形態が影響するが、東三河沿岸部は集村が多かった。遠すぎると、冬など湯冷めすることになる。シマ相互の協力がうまくいけば、統合により共同浴の利点は増すはずである。

東細谷の四ヵ所の共同浴場は、明治末から大正にかけて集中的につくられる。近くに共同浴場ができ、それにならってつくったところもある。共同浴場が「流行」ったのである。こうした共同浴場ブームの背景には、シマや村相互の競争意識があったのかもしれない。

◉——沿海文化と共同浴場

海にくらしを依存することが多い地域の、文化的な特色を沿海文化という。沿海文化は、海岸からの距離や、どの時代と限定できない。私は、海岸部に分布する共同浴場は、沿海文化が基層文化としてありそうだと、調査のとき学生に注意してもらった。海産資源の利用にみられる惣有《そうゆう》の思想と、共同浴場をめぐる利用や社会のありかたに共通性があると考えたからである。

三河湾奥の浅海域は魚介類が豊富で、アサリ漁や海苔養殖などが盛んである。大崎はアサリの産地として知られ、大正期には養殖が本格化していた。アサリ漁よりさらに重要なのは海苔養殖で、三河湾は大正期から昭和四十年代まで日本の三大海苔養殖地の一つとなる。

なかでも共同浴場があった大崎・船渡・牟呂（公文・作神・渡津・市場・東脇）・前芝・梅薮・日色野・御馬・下佐脇などは、浅海域に近く海苔養殖の条件に恵まれていた。大正期から海苔養殖に従事する家が急増し、地域もおおいにうるおうのである。

右記の村々の多くは、六条潟などの地先の海苔養殖漁場を協定して共同利用していた。漁場利用をとおして村相互が連携していたので、共同浴場の長所はすぐに伝わったはずである。

日色野の共同浴場は半農半漁でいそがしく、大正五年に仕事のあとすぐに入れるように寺の境内につくる。建設資金は、各家の資産状況により十トウコ（十段階）にわけて集めた。修理資金も同じ方法であつめた。資金調達の仕方に、家々の事情を配慮する村の論理がみられる。

作神の共同浴場も半農半漁でいそがしく、内風呂のある家が少なかったので、大正初期につくる。いずれも大正時代に海苔養殖が盛んになったことで、いそがしくなったのである。

東御馬の共同浴場は昭和二年と遅くできるが、建設資金は各戸からの徴集と、海苔養殖の収益の一部をあてた。共同浴場の建設資金と海苔養殖の直接的な関わりはほかでは聞けなかった。ただし海苔養殖は家々に高額の現金収入をもたらし、出資金という形で共同浴場建設に寄与したのである。

海苔養殖は、稲の収穫と麦蒔きが終わる、十一月末から海苔摘みがはじまる。三月に海苔摘みが終わると、苗代への籾蒔き、田植、麦の収穫と続く。夏は海苔養殖の準備がはじまり、アサリ漁もおこなわれた。純農村では農閑期となる夏と冬が、海苔養殖やアサリ漁の時期とかさなり、現金収入は増えたが、年間を通して重労働が続いたのである。

しかも冬の海苔摘みは冷たい海に浸かる、身体の冷えるきびしい仕事だった。当時は海苔ソダを立てて海苔養殖をしたので、潮によってはヨハマ（夜浜）に海苔摘みすることもあった。西方では夜浜で働く人のために、夜中でも共同浴場に入れた。こうした例は多かったはずである。

海苔養殖とは直接関係しないが、前芝では春の厄祭と秋祭で、組合員よりさきに祭の奉仕者が潔斎のため入った。茂松でも祭礼の日は朝から入れた。大晦日や正月などの晴れの日に、早い時間から入れた共同浴場は多いのである。儀礼前の潔斎のための入浴が、村のくらしと結びついた共同浴場だから可能だったのである。

今後さらに調査が必要だが、大正期から昭和四十年ころまでの三河湾沿岸域は、海苔養殖を中心として沿海文化が色濃い地域になっていた。時代をそう限定したうえで、東三河海岸部の共同浴場は沿海文化の一つの文化要素となっていたといえそうである。

◉――銭湯から共同浴場

三河湾岸の海苔養殖地域でもある前芝・牟呂市場・船渡には、共同浴場ができる前に銭湯があった。これらの地域は集落規模が大きく、港があり、町場としての性格をもっていた。その町場としての性格がうすれ、半農半漁村へと移行するのと歩調をあわせるかのように、銭湯から共同浴場へと移行するのである。

前芝には共同浴場成立の経緯を書いた「前芝共同浴場記」が残っている。

前芝にはいつできたかわからないが、喜楽湯と菊ノ湯の二つの銭湯があった。前芝は内風呂のない家が多く、一、八〇〇人もが利用していた。二つの銭湯は、小規模で一度に一〇人ほどしか入れないので混雑していた。施設も老朽化していて、警察から不衛生を警告されていた。さらに戦争中の配給統制による燃料不足で、経営が難しくなっていた。不衛生で学生のトラホーム患者が増加するなど、利用者からも非難する声があがっていた。そのため銭湯が廃業したので、昭和十八年に共同浴場を氏神境内に新築した。総工費は四四、三一一円三五銭で、三二八戸が組合員となり一三四円を出資した。この共同浴場は昭和三十六年に焼失したため、組合員の福利増進と大衆娯楽場として共同浴場を再建するとある。

牟呂市場でも、銭湯を利用していた。住民から湯銭が高すぎるとの要望があり、値下げする。値下げの影響もあってか経営難となり、昭和十三年ころに地区で買いとって共同浴場にする。市場でも内風呂のある家が少なく、二七〇軒ほどが利用したので混雑をきわめ、昭和二十三年に移転再建する。再建の時は地区民が資金をだし、労働奉仕して建てた。

船渡でも、明治末にできた銭湯が、大正末に経営難で廃業する。大正十三年に組合をつくって準備をはじめ、昭和二年に共同浴場をつくる。銭湯廃業後から共同浴場ができるまでの数年は、裕福な家の内風呂に五、六軒でもらい風呂したという。

銭湯廃業後に共同浴場へとかわるのは、成立経緯としては最後の時期にあたる。

六、共同浴場が衰退した理由

◉——だれと入るのか

男女で脱衣所と浴室がわかれるのは、あたりまえと私達は思うはずである。ところが共同浴場のなかには、男女の共同浴、つまり混浴のところがあった。

篠東本郷の共同浴場は、明治末にはすでにあったが、一つの円い浴槽での混浴だった。混浴についてきびしい行政指導があり、大正末に建替えたとき長方形の浴槽にかえ、真中を板で仕切って男女をわけた。

茂松は、一番遅くまで混浴だった。焼失して昭和十年に再建したときも混浴で、第二次世界大戦まで続いた。よそからきた若嫁は、はじめは混浴に抵抗感があったが、慣れたという。混浴だと女性特有の陰口やつげ口がなく、女性にも喜ばれたともいう。

茂松はシマの二十数軒がみな共同浴場を利用した。「シマウチ」はまとまりがよく、家族的な雰囲気だった。シマウチだから、本当の裸のつきあいができたという。東細谷の西島などでも、シマは家族と同じだったという。

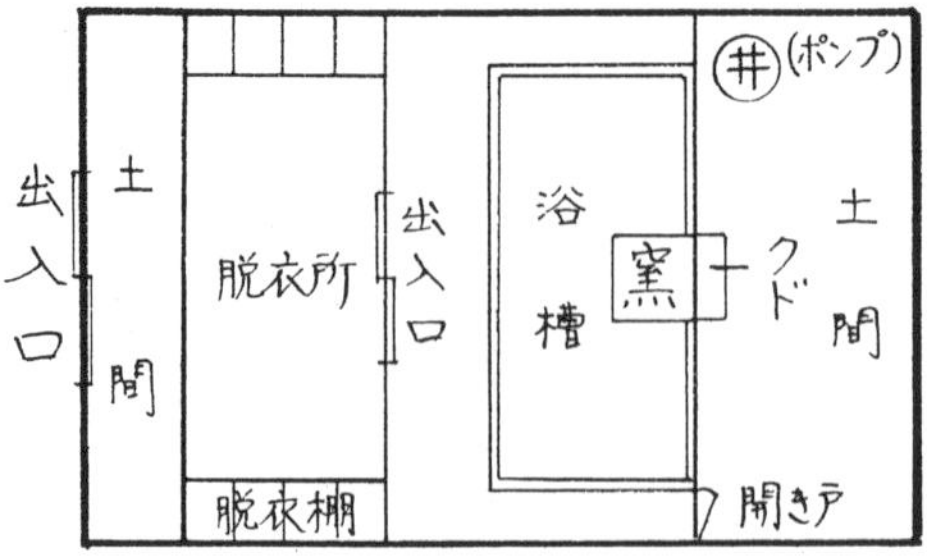

図７　茂松共同浴場の平面図
混浴だったので脱衣場・浴室に境がない。

近世の銭湯でも混浴はたびたび禁止された。それだけ男女の入込《いりご》み（混浴）が多かったのである。銭湯で男女の混浴がなくなるのは、近代になって外国人が訪れ、警察がきびしく監督するようになってからである。そして裸に対する規制も外国人のまなざしのなかで強まり、行政の指導があったのは同じである。ただしそれは都市の銭湯でのことであり、地方では混浴が続いていたところもある。

さて、混浴がなくならなかった理由の一つに、浴槽を分けることでの施設や燃料の節約があったという。銭湯ですらそうなのである。生まれたときから顔を合わせ、家族同様のシマの共同浴場が、経費や手間の軽減を優先しても不思議ではないのである。

混浴は一部の温泉地に今もみられる。温泉地では古くから混浴での共同浴がおこなわれていて、裸を意識することは少なかった。私の数少ない温泉地での混浴体験では、慣れた地元の人が大勢入っているとき、私一人ぐらい入っても抵抗なく入れる。それがよそからの入浴者がふえると、緊張感がでてくる。よそ者の慣れない行動やとまどいの意識が、地元の人にも伝わるのである。

混浴は入る相手との関係性と、慣れが可能にする。茂松ではシマウチを家族と考え、混浴があたりまえとするほど慣れていたのである。

小田淵桜町共同浴場
浴槽と鉄パイプで熱して湯をあたためる装置

ただし、家族同様のまとまりをもつ村の共同浴場に、異なる意識の女性が仲間として入りにくることがあった。共同浴場がない地域からきた嫁である。混浴でなくても、はじめは共同浴場に抵抗感があったと、口をそろえていう。

作神では、共同浴場を嫌う嫁が多かった。早くいくと年寄りが多くて、身体を上から下までジロジロみられた。それで遅くいくと、こんどは湯が汚れていた。町場からきた嫁が、町場の銭湯までいったことがあとでわかり、姑に叱られたという。

東御馬でも、はじめは姑に連れられ入ったが、ジロジロみられるのが嫌だった。ことに姑と仲が悪くなると、入りにいくのがいやになった。子供ができるころにはようやく慣れ、子供の世話が頼める共同浴場がよくなったともいう。小田淵桜町では、それだけとは思えないが、共同浴場を理由に破談になったという。

戦後は通婚圏が拡大し、共同浴場を知らない地域から嫁を迎えることが多くなる。そして内風呂のあることが普通になり、女性の立場が強くなると嫁をむかえるために内風呂をつくる家が増えてきた。共同浴場の廃止の理由として、内風呂の普及による共同浴場の利用者の減少が大きい。いつからと年代は特定できないが、共同浴場の廃止に嫁の力、女性の社会的位置の向上という社会変化が影響していたのである。

◉――共同浴場のエネルギー

共同浴場でも、水と燃料についてふれておこう。

東細谷は、太平洋に面した断崖の上に集落があり、四つのシマとも水不足で苦労した。旭島は一ヵ所しか井戸がなく、井戸の側に共同浴場をつくる。昭和四十五年頃に簡易水道が各家までとおると、みんなが内風呂をつくり四ヵ所の共同浴場は廃止する。

水が東細谷のように、共同浴場の成立と廃止に直結した例は少ない。ほかの地域では、水に不足することがなかったからである。ただし井戸水を利用したので、釣瓶で大量の水を汲みあげて運ぶのは手間だった。大正時代に手押しポンプ、さらに足踏みポンプの利用もはじまるが、それでも手間と時間はかかる。駄賃を払って水を運ばせるなど、子供の小使い稼ぎになっていた。

水道ができる時期は、地域によって遅速がある。豊橋市の三河湾沿岸は昭和二十年代後半から、御津町は昭和四十年代と遅れる。大崎と船渡でも井戸を使っていたが、昭和二十八年の十三号台風で高潮の被害をうける。共に翌年には水道がとおり内風呂が増えて、大崎は昭和四十六年、船渡は昭和五十三年に廃止した。

水道は内風呂の普及をうながし、共同浴場の利用者を減少させただけでなく、水道料金という新たな負担をおわせることになる。共同浴場は営利が目的ではないが、一般家庭より水道代が約二倍と高かったのである。

燃料は、内陸部と海岸部の共同浴場で大きく違い、運営組織にも差をうみだした。内陸部は山が近くにあり、薪の調達が容易だった。茂松は二十四、五軒で、共同浴場としては小規模だった。シマの共有山があり、当番がとりにいってわかした。さすがに戦争中は燃料に苦労するが、それでも二日に一回はわかしていた。井戸水を利用したので、運営費が必要なく、運営組織もなかった。御津町内陸部の、広国・小城前・船津なども同じだった。共同浴場の修理が必要なときは、地区の役員が世話人になった。伊奈市場では、当番がまわるのを「風呂屋廻り」といい、一人住まいの家は一回とばしたという。

当番がまわる共同浴場では組合員の人数が減少すると、一軒ごとの負担が増える。茂松は利用者が二軒になり昭和五十一年に、広国は利用者が十人に減り、風呂釜が老朽化して修理代も捻出できず昭和四十七年に、小城前でも同じ理由で昭和五十六年に廃止されるのである。

海岸部は薪に不自由し、海苔養殖に使う海苔ソダや大水後の流木を利用することもあった。ただし、多くは石炭を燃料に使い、石炭購入のため湯銭を徴集するなど運営組織が必要だった。ところが、第二次世界大戦がはじまると、石炭の購入が難しくなる。遠くの山まで木を伐りに行ったり、森林組合から買ったり、古タイヤを燃やすなどの苦肉の策をとる。

戦後は、再び石炭を燃やしたところもあるが、昭和三十年代からはおがくず、昭和四十年代からは重油を使い、ボイラーでわかすことが多くなる。それにしたがって湯銭が年々値上がりしていった。重油を使い便利にはなったが、水道と同様利用者の減少と、さらにはオイルショックで、共同浴場の廃止につながった。

地域の環境を自らが活かすことに基本をおくのが村の生活様式であり、その理念から生まれたのが共同浴場であった。生活様式が変わり、水や燃料のエネルギーも資本主義経済の中に組みこまれたとすれば、廃止へと追い込まれるのは仕方のないことなのである。

◉——地域開発と共同浴場

高度成長と歩調をあわせ、東三河地方でも陸や海の地域開発がすすめられた。

牟呂町では、豊橋港に通じる道路工事がはじまり、昭和四十二年には区画整理準備委員会ができる。牟呂作神では、共同浴場の存廃について議論し、区画整理がおわって各家に内風呂ができるのを待って廃止することをきめた。それが、昭和四十八年に火災で共同浴場が焼失し、突然の廃止となる。突然のことで、近くの共同浴場の世話になって急場をしのいだという。牟呂公文では、共同浴場の役員会で区画整理のため、平成三年三月三十一日の廃止をきめた。区画整理がなければ、続けていたかもしれないという。

陸だけでなく海面の埋立てもすすめられた。昭和四十三年には三河港建設のため、六条潟沿岸の村々は海苔養殖やアサリ漁の漁業権を放棄することをきめた。その漁業補償金によって家の建替えが急激にすすみ、内風呂をつくるようになった。

海苔養殖は海岸地域の主産業であり、共同浴場を成立させた要因でもあった。海の仕事が失われ勤めの道を選び、海への意識が遠のいたことが、結果的に共同浴場の仲間からはずれていくことにつながったのである。沿海文化は漁業権放棄の時点で、急速にうすれてゆくのである。

◉――共同浴場の番台

共同浴場には、湯銭をとる番台は必要ないはずである。ところが銭湯からかわった共同浴場だけでなく、番台のある共同浴場がある。組合員以外でも入れた共同浴場の場合である。こうした共同浴場は当番制ではなく、三助さん（湯沸人）などを雇って世話を頼むところが多かった。

牟呂市場は、銭湯から共同浴場にかわった。組合員以外も入れ、二七〇軒近くが利用した。町内会役員が運営し、燃料費や湯沸人と番台の人件費は町費と一緒に集めていた。

船渡は、最盛期に組合員だけで一五〇軒いて、組合員以外も入れたのでひどく混んだ。近くの大崎と駒形は組合員しか入れず、内風呂のない家はみな船渡の共同浴場を利用したのである。各組ごとに輪番でまわる役員がいて、組合員に白札、非組合員には赤札と青札を売った。昭和四十五年ころで、白札は大人二〇円・子供一〇円、赤札は大人四〇円・青札は子供二〇円で、ちょうど二倍だった。運営費で湯沸人と、札をうけとる番台を雇っていた。

伊奈新町は、昭和三、四年頃に共同浴場ができる。約三百軒のほぼ全戸が利用した。調査した平成七年で、町内の人は大人五五円・子供三五円、町外は大人一六〇円・子供一三五円と差があった。町内は一ヵ月毎に集め、町外は雑貨店で入浴札を買って、番台に渡して入る。ボイラーマンと番台の各一人を、町内で委託している。

番台があることによって、建設から関わった組合員と非組合員の入浴料に差をつけてバランスがとれた。非組合員も遠くまでいかなくても、手軽な値段で入れた。こうした共同浴場と銭湯の利点を融合させることができたのは、集落規模が大きな一部の共同浴場に限られる。番台は規模の大きな共同浴場が経営の安定をはかり、おそくまで維持していくための知恵だった。

昭和五十三年に廃止した船渡のように、入浴者が減少するなかで人件費が運営を圧迫したという例もある。それでも、市場は昭和五十九年まで続けていたし、新町は東三河でただ一ヵ所今も共同浴場を続けているのである。

七、共同浴場の魅力

◉――共同浴場と情報

毎日人が集まる共同浴場は情報伝達の場であり、学生の調査でも一番の魅力にあげている。駒形共同浴場にもみられた掲示板が、どの共同浴場でも設置されていた。

前芝共同浴場が閉鎖されると聞いて、訪ねたことがある。共同浴場の入口正面の掲示板には、「平成四年十月十一日終了」と貼り紙があった。裏のボイラー室にいくと、世話をする釜番の婦人が、これまで掲示に使っていた大量の貼り紙を燃やしていた。区からの寄合いなどの連絡、漁業組合の海苔入札の案内、祭りや運動会の日程、商店の広告、季節ごとの共同浴場営業時間の案内など、多岐にわたる内容だった。資料にするため収集しようと思ったが、あまりにも大量なのでとまどっているうちに忘れてしまった。思いついたとき、すぐ収集しなかったことが、残念でならない。

伊奈市場では共同浴場に掲示するので、回覧板を回す必要がなかったとすらいう。

東御馬は海苔養殖が盛んで、乾燥した海苔を百枚ごとに束ね、海苔寄せの日に集荷場に持ち込

小田淵桜町共同浴場
脱衣室（女湯）の町内の商店広告看板

む。検査員が海苔の等級をきめると、仲買人が集まって入札して等級ごとの値段をきめた。その等級ごとの価格表を共同浴場に掲示した。入札日には、みんなが楽しみにしながら共同浴場に集まった。そして「もうじき来るから、もうチョット待っとれ」と、おしゃべりしながら待ったという。

赤根は農業が中心だった。どの作物がどの市場ではいくらで売れた、という情報が共同浴場で交換できた。それを参考にして、どこに卸せばよいかが判断できたのである。

人が集まるため、小田淵桜町の共同浴場は、脱衣室に銭湯のように商店が広告看板を設置していた。西島では定期的に瀬戸物屋が、渡津では季節になると梨売りがきて店をひらいた。東御馬では盆前になると物売りが店をだした。選挙の候補者が、入口で土下座して頼むこともあったという。

共同浴場は、その日あったことが、その日のうちに伝わった。プライバシーに関わるような悪い噂が広がる難点もあった。ただし、今のように情報メディアが欠しい時代、共同浴場でもたらされる情報は、地域の社会や生業など生きるために不可欠だった。

共同浴場は情報センターであり、情報をもとめてみんなが集まる、地域の要だったのである。

本郷では「共同浴場があったおかげで、何をするにもまとまりがよかった」という。

前芝共同浴場の赤ちゃん台

◉――顔が見える交流

女性は、夜もいそがしいので、入浴の後はゆっくりできなかった。それでも浴室や脱衣室で、世間話に花を咲かせた。戦中戦後は食糧難でつらいことが多かったが、共同浴場でのみんなとのおしゃべりを楽しみに、のりこえられたという。

駒形をとりあげたテレビでも、入浴後に脱衣室の赤ちゃん台に腰掛け、語りあう主婦の姿が印象深く映しだされていた。その赤ちゃん台のある共同浴場は、駒形だけではなかった。前芝は、婦人会が寄付した台の下に脱衣籠がはいる赤ちゃん台が八つもあった。小坂井町新町にも赤ちゃん台が四つあった。渡津でも昭和二十六年に再建後、赤ちゃん台をおくようになった。

前芝共同浴場で使った桶

共同浴場では、みんなが赤ちゃんに気をつけてくれた。お年寄りなどが赤ちゃんを湯に入れてくれたし、服も着せてくれた。若い母親は共同浴場では、安心してゆっくり入ることができたという。

男性は女性にくらべて、夜は暇だった。ラジオやテレビがない時代、共同浴場で話をするのが楽しみだった。話しが長くなるので、冬は脱衣室にたいてい火鉢がおいてあった。火鉢には、湯をわかした薪のおきが利用できた。前芝の脱衣室には、男性側にだけ和室があり、横になって休みながら話すこともできた。和室がない共同浴場でも、冬にはゴザなどを敷いたという。

ことにお年寄りは、火鉢を囲んでいつまでも話しこんだ。準備ができる前からきて、話しこむお年寄りがいた。共同浴場に行かなくなり、世間が疎くなったと話すお年寄りもいた。

東細谷旭島では、「共同浴場の良いところは、毎日地域の人と顔をあわせることができたことだ」という。共同浴場を廃止して社交場がなくなり、交流がうすれ、火が消えたようにさみしくなったという。

◉――子供のころの記憶

共同浴場について問うと、子供のころの思い出を語るお年寄りが多かった。

梅薮では、子供のころサツマイモを持っていき、竈で焼芋にしてもらった。冬の寒い日は、妹を子守りしながら、共同浴場でお年寄りの話しを聞くのが楽しみだったという。お年寄りと子供は入るのが早かったので、共同浴場で顔をあわせることが多かった。

西方では、学校から帰ると「風呂にいく」といっては、手ぬぐいを持って裏口から逃げだした。

小学生になると、ツレ（友達）と遊びながら入りにいった。カラスの行水でも、子供には遊びと共に日課になっていた。そして、家の手伝いをサボる口実でもあった。

東御馬では、怖いおばさんがいて、入りかたを叱られながら教わった。また毎日のようにお年寄りにせがんで話しを聞かせてもらったという。共同浴場からの帰りに、父親は近くの酒屋で酒を飲み、子供は駄菓子屋で菓子を買ってもらった。作神共同浴場の前の駄菓子屋も、帰りに立ち寄る店だった。日色野では、共同浴場からの帰りに見たホタルが、わすれられないという。

伊奈市場では、雨の日は共同浴場が子供達の遊び場だった。遊びながら当番を手伝い、駄賃に焼芋をもらった。あんなうまい焼芋は、ほかにはなかったという。

子供どうしが共同浴場でよく喧嘩をしたが、喧嘩をとおして絆が深まった。共同浴場にお年寄りと一緒に入り、話を聞いたり、叱られつつ学んだことも多かった。

共同浴場のハード面での魅力は失われ、ソフト面に比重がうつっていった。ソフト面でも、情報化によって、生業や社会の情報はたやすく得られるようになった。最後に残ったのが、顔が見える交流の場としての共同浴場であり、そこには地域で生きた人々の記憶がきざみこまれていた。

東三河沿岸の村でも高度成長以降は激動の時代であった。そうした時代に共同浴場を存続しようと努めたのは、その場所を失いたくないという地域民の強い意思があったからである。

八、現代の入浴事情

◉——個人浴の展開

近代一〇〇年の盛衰をへて、共同浴場の終焉は間近い。一方では、高度成長を境に日本の入浴文化は、異常ともいえる関心の高まりのなか、めまぐるしい展開をみせている。

高度成長以後、どの家庭でも内風呂をつくるようになった。入浴施設の発達は目をみはるものがあり、気密性が高い浴室、快適な浴槽、スイッチ一つで操作できる燃焼装置もできた。自分の好きなときに、二十四時間入浴することも可能になった。こうした内風呂の発達は、日本人の入浴に対する意識すら大きくかえたのである。

家庭で入浴の変化について質問したとき、「高度成長までは、垢では死なない」時代だったと話す祖母に驚いたと、女子学生がレポートに書いていた。

入浴の目的は、宗教とも不可分の関係にある禊という精神的機能のほか、養生や治療といった身体的機能、社交や娯楽といった社会的機能などがある。

それでは私達が重視する衛生は、いつごろから入浴の目的とされるようになったのだろうか。

衛生という概念は近代になって西洋から入ってきたとされる。ただし私達が衛生観を理解し、日常生活のなかで意味をもちはじめるのは遅かった。レポートにあった「垢で死なない」という言葉は、高度成長以後に衛生観が定着したことをもの語っているのである。

社会学の上野千鶴子氏は『スカートの下の劇場』という、刺激的な題名の本のなかで、洗濯機が普及する一九六〇年代に、清潔な下着を毎日とりかえる衛生観がでてくる。それはガス風呂が登場したのと同じ時期で、下着の交換と入浴の頻度が相関しているとのべている。

庶民への衛生観の受容は、洗濯機やガス風呂などの装置の発達をまたなければならなかったのである。ただし一度受容された衛生観は、直接身体にふれる洗濯や入浴だけでなく、まわりの空間からも汚れを消しさっていった。私達が慣れてしまった、清潔な身体と穢れなき空間の歴史は新しいのである。

「垢で死ぬ」時代となり、私達は身体を清潔にするくせを身につけた。内風呂はそのための不可欠な装置となり、さらなる装置の発達をうながした。内風呂は快適性が求められ、空間が広がって共同浴が可能となった。そして、新たな時代に対応した、新たな機能をになうようになった。

平成三年に、名古屋大学と東邦ガスの共同研究により『子どもの入浴行動と親子関係について』という報告書がでる。そこには母親の多くが浴室でのコミュニケーションを大切にし、若い母親ほどその傾向が強いこと、今の進んだ内風呂に七割までが不満をもつことが記されている。人間関係が希薄化するなかで家族関係が重視され、子育ての時代に親が情熱をかたむけるようになった。内風呂の快適空間は、家族のライフサイクルのなかで親子関係を築いていくための要になっている。内風呂は本来の個人浴のほかに、共同浴化しはじめたのである。

●――共同浴の展開

それでは、共同浴はどのような変化をみせたのだろうか。

高度成長期によって温泉ブームがおこり、大規模な温泉旅館やホテルが続々と建てられた。会社の親睦や、観光旅行ブームで、温泉へと団体客がおしかけたからである。

また銭湯は減少するが、大規模な健康ランドやスーパー銭湯があらたに登場してくる。明るく、広い清潔な空間に、薬湯、露天風呂、サウナ、寝湯、打たせ湯などがそろい、入浴装置の展示場のようである。共同浴場の存在が、まるで夢のように感じられるのである。

ただし共同浴のソフト面についてみると、いささかこころもとない。私がはじめて訪ねたスーパー銭湯で、こんな経験をしたことはないだろうか。私はほてった身体をさましていた。すると中の夜の出来事だった。露天風呂の側の椅子に座り、私はほてった身体をさましていた。すると中年の見知らぬ人がすぐ横の椅子に座り、私にまなざしを向け続けたのである。しだいに気持ちが悪くなり、私は早々に銭湯をあとにした。また、スーパー銭湯や巨大温泉では客が多くても、子供が多いときをのぞくと意外なほど静かだと感じるのは私だけだろうか。

共同浴は、利益をうむ産業資本の投資対象となり、ハード偏重の巨大施設となった。そして同時に共同浴の理念を、どこかに置き忘れてしまった。入浴は、装置だけで、心身ともに満たされるはずがないことを忘れているのである。

近年の銭湯ブームは、失われゆくものに対する愛惜の念だけではなく、かつての共同浴のソフト面に目を向けはじめたのである。団体旅行が魅力を失った温泉地では、家族や仲間の貸切り露天風呂の増設が盛んである。母親の内風呂への不満は、家族で入れる装置を欲しがっているのである。それぞれの場所で、共同浴とは何かを問う、新たな模索がはじまったのである。

個人がライフスタイルにあわせて、入浴も選択できるようになった。テレビを見ながら内風呂に入ろうと、大露天風呂で大声を出して開放感を求めようと一人のときなら許される。ただし共同浴では、いかに装置が発達し、社会のありようが変わっても、相手がいるかぎりルールが必要である。

共同浴場には、相手をおもいやる人間的な結びつきがあり、だからこそゆったりとした気分になれ、コミュニケーションがはかれ、記憶に残る場所となったのである。

「顔が見える相手と入る」、これが共同浴場が私達に残した、共同浴慣行の基本といえそうである。

エピローグ

入浴は生身の身体をさらすため、共同浴は常にプライバシーが問題となる。性的な恥じらいは同性で入る社会的規範によって確立され、性差を越えられるのは子供だけに制限される。生身の身体がさらけだす精神的恥じらいは、身体観が薄れるなかでかえって強くなっている。入浴は心身にくつろぎと快感をもたらす作用があるだけに、他人との共同浴がかえって苦痛に感じられるのである。現代の共同浴にたいするこうした認識が、親子で入る内風呂での共同浴を、特別親密な時空間とみなす背景にある。そして子供は身心が成長するにともない、親から逃れて個人浴の世界に閉じこもるのである。

もともと入浴は閉じた文化である。開かれた共同浴とするには、なんらかの意味づけが必要だった。村の共同浴場の論理は、装置やエネルギー、内向きの仲間意識にささえられた情報や交流だった。

ところが高度成長以後は、身のまわりの生活の近代化がすすみ、情報化社会となり、村と都市の生活様式や意識の差がなくなった。入浴文化は個人化と大衆化へとすすみ、村の共同浴場の論理は意味を失うのである。

そうしたなかで温泉地だけが、開かれた共同浴文化とみなされていた。温泉入浴の特色は自然性にあり、ことに露天風呂では生身の自然な身体をさらしても違和感が少ない。そのため急成長した会社が社員旅行などで、仲間意識を高める共同浴の文化を利用した。はじめ温泉旅行は年に一度の非日常であり、晴れやかな心もちが共同浴の閉じた性格を意識させなかった。ところが今のように温泉旅行が恒常化して慣れてくると、共同浴のわずらわしさを意識する人々があらわれてくる。貸し切り露天風呂の流行は、共同浴の閉じた論理が温泉地に持ち込まれたのである。

それではスーパー銭湯はどうだろうか。人工的に各種温泉の入浴装置を集めた、温泉の写しがスーパー銭湯といえる。今は村の共同浴場や町の銭湯のように日常化しておらず、身近な晴れの演出に成功しているから客が入りにくるのである。

内風呂と温泉は人工と自然、日常と非日常の両極に対置する入浴文化として、今後もさらに意味を持ちつづけるはずである。ただし、ほかの共同浴慣行は、個人と身内と他人の境界と、身体観のゆらぎのなかで、新たな意味づけの発見にせまられているのである。

もっと入浴を知りたい人のために

・喜田川季荘『近世風俗志』嘉永六年（文潮社書院、一九二八）。
・柳田国男「風呂の起源」『郷土研究』三巻三号（『定本柳田国男集』第十四巻、筑摩書房、一九六二）。
・武田勝蔵監修『公衆浴場史』全国公衆浴場環境衛生同業組合連合会、一九七二。
・武田勝蔵『風呂と湯のこぼれ話』村松書館、一九七七。
・宮本常一「常民の生活」大野晋・宮本常一他『東日本と西日本』日本エディタースクール出版部、一九八一。
・小杉達「浜名湖の共同風呂」『静岡県民俗学会誌』五号、静岡民俗学会、一九八一。
・中野栄三『入浴・銭湯の歴史』雄山閣出版、一九八四。
・大貫恵美子『日本人の病気観』岩波書店、一九八五。
・今野信雄『江戸の風呂』新潮社、一九八九。
・上野千鶴子『スカートの下の劇場』河出書房新社、一九八九。
・石川英輔『大江戸えねるぎー事情』講談社、一九九〇。
・小杉達『静岡県史資料編二五巻　民俗三』ぎょうせい、一九九一。
・神崎宣武『「湿気」の日本文化』日本経済新聞社、一九九二。
・吉田集而『風呂とエクスタシー』平凡社、一九九五。
・印南敏秀編『愛知大学博物館学芸員課程実習報告書』創刊号、愛知大学博物館学芸員課程、一九九五。
・白石太朗「鳥取県中部における共同風呂」『流通科学大学論集』九巻二号、一九九七。
・瀧澤利行『健康文化論』大修館書店、一九九八。
・白石太朗「共同風呂の分布と盛衰」『流通科学大学論集』一二巻一号、一九九九。
・町田忍『銭湯の謎』扶桑社、二〇〇一。
・印南敏秀『東和町誌資料編　石風呂民俗誌—もう一つの入浴文化』東和町、二〇〇二。

（入浴中の著者）

【著者紹介】

印南 敏秀（いんなみ としひで）

1952年　愛媛県新居浜市生まれ
1974年　武蔵野美術大学卒業
近畿日本ツーリスト日本観光文化研究所などを経て、現在、愛知大学経済学部教授
主な著書等＝『豊川流域の生活と環境』（共著・岩田書院）、『瀬戸内諸島と海の道』（共著・吉川弘文館）、『瀬戸内の海人文化』（共著・小学館）、『水の生活誌』八坂書房、『東和町誌　石風呂民俗誌―もう一つの入浴文化』山口県東和町等
研究分野＝民具学・民俗学。瀬戸内に生まれ、瀬戸内で調査をはじめ、海沿いの人々の生き方に興味をもちはじめる。東京から京都、東海と職場がかわり、いつのまにか西日本の生活文化に幅広く関心をもつようになった。
入浴文化の調査もその一分野だが、中年となった今では研究や趣味より、実益を期待するようになっている。

愛知大学綜合郷土研究所ブックレット⑤

共同浴の世界―東三河の入浴文化

2003年3月31日　第1刷発行

著者＝印南敏秀 ©

編集＝愛知大学綜合郷土研究所
〒441-8522 豊橋市町畑町1-1　Tel. 0532-47-4160

発行＝株式会社 あるむ
〒460-0012 名古屋市中区千代田3-1-12　第三記念橋ビル
Tel. 052-332-0861　Fax. 052-332-0862
http://www.arm-p.co.jp　E-mail: arm@a.email.ne.jp

印刷＝東邦印刷工業所

ISBN4-901095-35-8　C0339

刊行のことば

愛知大学は、戦前上海に設立された東亜同文書院大学などをベースにして、一九四六年に「国際人の養成」と「地域文化への貢献」を建学精神にかかげて開学した。その建学精神の一方の趣旨を実践するため、一九五一年に綜合郷土研究所が設立されたのである。

以来、当研究所では歴史・地理・社会・民俗・文学・自然科学などの各分野からこの地域を研究し、同時に東海地方の資史料を収集してきた。その成果は、紀要や研究叢書として発表し、あわせて資料叢書を発行したり講演会やシンポジウムなどを開催して地域文化の発展に寄与する努力をしてきた。今回、こうした事業に加え、所員の従来の研究成果をできる限りやさしい表現で解説するブックレットを発行することにした。

二十一世紀を迎えた現在、各種のマスメディアが急速に発達しつつある。しかし活字を主体とした出版物こそが、ものの本質を熟考し、またそれを社会へ訴える最適な手段であると信じている。当研究所から生まれる一冊一冊のブックレットが、読者の知的冒険心をかきたてる糧になれば幸いである。

愛知大学綜合郷土研究所